JUAN PABLO II

Cruzando el umbral de la Esperanza

Editado por
Vittorio Messori

Traducción de
Pedro Antonio Urbina

PLAZA & JANES EDITORES, S. A.

CRUZANDO EL UMBRAL DE LA ESPERANZA
(EXPORTACION)

Título original: *Varcare la soglia della Speranza*
Diseño de la portada: Parafolio
Fotografía de la portada: © *L'Osservatore Romano* y Arturo Mari

Fotografías del interior: © *L'Osservatore Romano* y Arturo Mari
     © *Periodici San Paolo* y Angelo del Canale
     © Sygma
     © Archivo Plaza & Janés

Primera edición: octubre, 1994

© 1994, Arnoldo Mondadori Editore, S.p.A., Milán
© de la traducción, Pedro Antonio Urbina
© 1994, Plaza & Janés Editores, S. A.
Enric Granados, 86-88. 08008 Barcelona

ISBN: 84-01-32605-2
Depósito legal:

Fotocomposición: Alfonso Lozano

Impreso en Imprenta Madero, S. A. de C. V.,
Avena 102, Deleg. Iztapalapa, 09810 México, D. F.

INTRODUCCIÓN

SOBRE ESTE LIBRO

UN TELEFONAZO

Siento un especial afecto, naturalmente, por los colegas –periodistas y escritores– que trabajan en la televisión. Por eso, a pesar de repetidas invitaciones, nunca he intentado quitarles su trabajo. Me parece que las palabras, que constituyen la materia prima de nuestro quehacer, tienen consistencia e impacto diferentes si se confían a la «materialidad» del papel impreso o a la inmaterialidad de los signos electrónicos.

Sea lo que sea, cada uno es rehén de su propia historia, y la mía, referente a lo que aquí importa, es la de quien ha conocido sólo redacciones de periódicos y editoriales, y no estudios con cámaras de televisión, focos, escenografía.

Tranquilícese el lector: no voy a seguir con estas consideraciones más propias de un debate sobre los medios de comunicación, ni deseo castigar a nadie con desahogos autobiográficos. Con lo que he dicho me basta para hacer comprender la sorpresa, unida quizá a una pizca de disgusto, provocada por un telefonazo un día de finales de mayo de 1993.

Como cada mañana, al ir hacia mi estudio, me repetía interiormente las palabras de Cicerón: *Si apud bibliothecam hortulum habes, nihil deerit.* ¿Qué más quieres si tienes una biblioteca que se abre a un pequeño jardín? Era una época especialmente cargada de trabajo; terminada la corrección del borrador de un libro, me había metido en la redacción definitiva de otro. Mientras tanto, había que seguir con las colaboraciones periodísticas de siempre.

Actividad, pues, no faltaba. Pero tampoco faltaba el dar gracias a Quien debía darlas, porque me permitía sacar adelante toda esa tarea, día tras día, en el silencio solitario de aquel estudio situado sobre el lago Garda, lejos de cualquier centro importante, político o cultural, e incluso religioso. ¿No fue acaso el nada sospechoso Jacques Maritain, tan querido por Pablo VI, quien, medio en broma, recomendó a todo aquel que quisiera continuar amando y defendiendo el catolicismo que frecuentara poco y de una manera discreta a cierto «mundo católico»?

Sin embargo, he aquí que aquel día de primavera, en mi apartado refugio, irrumpió un imprevisto telefonazo: era el director general de la RAI. Dejando sentado que conocía mi poca disponibilidad para los programas televisivos, conocidos los precedentes rechazos, me anunciaba a pesar de todo que me llegaría en breve una propuesta. Y esta vez, aseguraba, «no podría rechazarla».

En los días siguientes se sucedieron varias llamadas «romanas», y el cuadro, un poco alarmante, se fue perfilando: en octubre de aquel 1993 se cumplían quince años del pontificado de Juan Pablo II. Con motivo de tal ocasión, el Santo Padre había aceptado someterse a una entrevista televisiva propuesta por la RAI; hubiera sido absolutamente la primera en la historia del papado, historia en la que, durante tantos siglos, ha sucedido de todo. De todo, pero nunca que un sucesor de Pedro se sentara ante las cámaras de la televisión para responder apresuradamente, durante una hora, a unas preguntas que además quedaban a la completa libertad del entrevistador.

Transmitido primero por el principal canal de la televisión italiana en la misma noche del decimoquinto aniversario, el programa sería retransmitido a continuación por las mayores cadenas mundiales. Me preguntaban si estaba decidido a dirigir yo la entrevista, porque era sabido que desde hacía años estaba escribiendo, en libros y artículos, sobre temas religiosos, con esa libertad propia del laico, pero al mismo tiempo con la solidaridad del creyente, que sabe que la Iglesia no ha sido confiada sólo al clero sino a todo bautizado, aunque a cada uno según su nivel y según su obligación.

En especial no se había olvidado el vivo debate –aunque tampoco su eficacia pastoral, el positivo impacto en la Iglesia entera, con una difusión masiva en muchas lenguas– suscitado por *Informe sobre la fe*, libro que publiqué en 1985 y en el que exponía lo hablado durante varios días con el más estrecho colaborador teológico del Papa, el cardenal Joseph Ratzinger, prefecto del antiguo Santo Oficio, ahora Congregación para la Doctrina de la Fe. Entrevista que suponía también una «novedad», y sin precedentes, para una institución que había entrado hacía siglos en la leyenda anticlerical, con frecuencia «negra», por su silencio y secreto, rotos, por primera vez, con aquel libro.

Volviendo a 1993, diré solamente, por ahora, que la fase de preparación –llevada con tal discreción que ni una sola noticia llegó a oídos de los periodistas– incluía también un encuentro con Juan Pablo II en Castelgandolfo.

Allí, con el debido respeto pero con una franqueza que quizá alarmó a alguno de los presentes –aunque no al amo de casa, manifiestamente complacido de mi filial sencillez–, pude explicar qué intenciones me habían llevado a esbozar un primer esquema de preguntas. Porque, efectivamente, un «Hágalo usted mismo» había sido la única indicación que se me había dado.

UN IMPREVISTO

El mismo Papa, sin embargo, no había tenido en cuenta el implacable cúmulo de obligaciones que tenía programadas para septiembre, fecha límite para llevar a cabo las tomas y conceder al director y los técnicos el tiempo necesario para «trabajar» el material antes de emitirlo. Ahora me dicen que la agenda de trabajo del Pontífice, aquel mes, ocupaba treinta y seis apretadas páginas escritas en el ordenador.

Eran compromisos tan heterogéneos como ineludibles. Además de los viajes a dos diócesis italianas (Arezzo y Asti), antes estaba la visita del emperador del Japón al Pontífice de Roma, y antes estaba la visita a los territorios ex soviéticos de Letonia, Lituania y Estonia, con la necesidad de practicar, al menos un poco, esas difíciles lenguas, deber impuesto al Papa por su propio celo pastoral, su ansia de «hacerse entender» al predicar el Evangelio a todos los pueblos del mundo.

En resumen, resultó que a aquellas dos primicias –la nipona y la báltica– no había posibilidad de añadir una tercera, la televisiva. Tanto más cuanto que la buena disposición de Juan Pablo II le había llevado a prometer cuatro horas de tomas, y a conceder al director –el conocido y apreciado cineasta italiano Pupi Avati– la elección de la mejor hora televisiva. Luego todo concluiría en un libro, completando así la intención pastoral y catequística que había inducido al Papa a aceptar el proyecto; pero el cúmulo de trabajo al que me he referido impidió, en el último momento, realizarlo.

En cuanto a mí, volví al lago a reflexionar, como de costumbre, sobre los mismos temas de los que hubiera tenido que hablar con el Pontífice, pero en la quietud de mi biblioteca.

¿Acaso Pascal, cuyo retrato vigila el escritorio sobre el que trabajo, no ha escrito: «Todas las contrariedades de los hombres provienen de no saber permanecer tranquilos en su habitación»?

Aunque el proyecto en el que había estado envuelto no lo busqué yo, y además, no fue una contrariedad, ¡sólo faltaría! Sin embargo, no quiero ocultar que me había creado algunas dificultades.

Sobre todo, y como creyente, me preguntaba si era de verdad oportuno que el Papa concediese entrevistas, y además televisivas. A pesar de su generosa y buena intención, al quedar necesariamente involucrado en el mecanismo implacable de los medios de comunicación, ¿no se arriesgaba a que su voz se confundiese con el caótico ruido de fondo de un mundo que lo banaliza todo, que todo lo convierte en espectáculo, que amontona opiniones contrarias e inacabables parloteos sobre cualquier cosa? ¿Era oportuno que también un Supremo Pontífice de Roma se amoldase al «en mi opinión» en su conversación con un cronista, abandonando el solemne «Nos» en el que resuena la voz del milenario misterio de la Iglesia?

Eran preguntas que no sólo no dejé de hacerme, sino también –aunque respetuosamente– de hacer.

Más allá de tales cuestiones «de principio», consideré que la competencia que podía yo haber adquirido durante tantos años en la información religiosa, probablemente no bastaba para compensar la desventaja de mi inexperiencia en el medio televisivo, y menos en una ocasión semejante, la más comprometida que pueda imaginarse para un periodista.

Pero incluso sobre este punto otras razones se contrapusieron a las mías.

En todo caso, la operación «Quince años de papado en TV» no se realizó, y era presumible que, pasada la ocasión del aniversario, no se hablase más de ella. Por lo tanto, podía volver a teclear en mi máquina de escribir y seguir con la debida atención la palabra del Obispo de Roma, pero –como había hecho hasta ese momento– a través de las *Acta Apostolicae Sedis*.

UNA SORPRESA

Pasaron algunos meses. Y he aquí que un día, otro telefonazo –de nuevo totalmente imprevisto– del Vaticano. En la línea estaba el director de la Sala de Prensa de la Santa Sede, el psiquiatra español convertido en periodista Joaquín Navarro-Valls, hombre tan eficaz como cordial, uno de los más firmes defensores de la conveniencia de aquella entrevista.

Navarro-Valls era portador de un mensaje que, me aseguraba, le había cogido por sorpresa a él el primero. El Papa me mandaba decir: «Aunque no ha habido modo de responderle en persona, he tenido sobre la mesa sus preguntas; me han interesado, y me parece que sería oportuno no abandonarlas. Por eso he estado reflexionando sobre ellas y desde hace algún tiempo, en los pocos ratos que mis obligaciones me lo permiten, me he puesto a responderlas por escrito. Usted me ha planteado unas cuestiones y por tanto, en cierto modo, tiene derecho a recibir unas respuestas... Estoy trabajando en eso. Se las haré llegar. Luego, haga lo que crea más conveniente.»

En resumen, una vez más Juan Pablo II confirmaba esa fama de «Papa de las sorpresas» que lo acompaña desde que fue elegido; había superado toda previsión.

Así fue como, un día de finales de abril de este 1994 en que escribo, recibía en mi casa al doctor Navarro-Valls, quien sacó de su cartera un gran sobre blanco. Dentro estaba el texto que me había sido anunciado, escrito de puño y letra del Papa, quien, para resaltar aún más la pasión con que había manuscrito las páginas, había subrayado con vigorosos trazos de su pluma muchísimos puntos; son los que el lector encontrará en letra cursiva, según indicación del propio Autor. Igualmente, han sido conservadas las separaciones en blanco que con frecuencia introduce entre un parágrafo y otro.

El título mismo del libro es de Juan Pablo II. Lo había escrito personalmente sobre la carpeta que contenía el texto; aunque precisó que se trataba sólo de una indicación: dejaba a los editores libertad para cambiarlo. Si nos hemos decidido a conservarlo es porque nos dimos cuenta de que ese título resumía plenamente el «núcleo» del mensaje propuesto en estas páginas al hombre contemporáneo.

Este debido respeto a un texto en el que cada palabra cuenta obviamente me ha orientado también en el trabajo de *editing* que se me pidió, en el que me he limitado a cosas como la traducción, entre paréntesis, de las expresiones latinas; a retoques de puntuación, quizá apresurada; a completar nombres de personas –por ejemplo el de Yves Congar que el Papa, por razón de brevedad, había escrito sólo Congar–; a proponer un sinónimo en los casos en que una palabra se repite en la misma frase; a la modificación de algunas, pocas, imprecisiones en la traducción del original polaco. Minucias, pues, que de ningún modo han afectado al contenido.

Mi trabajo más relevante ha consistido en introducir nuevas preguntas allí donde el texto lo pedía. En efecto, aquel esquema mío sobre el que Juan Pablo II ha trabajado con una diligencia sorprendente (el hecho de haberse tomado tan en serio a un cronista parece una prueba más, si es que acaso hacía falta, de su humildad, de su generosa disponibilidad para escuchar nuestras voces, las de la «gente de la calle»), aquel esquema, digo, comprendía veinte cuestiones. Ninguna de las cuales, hay que recalcarlo, me fue sugerida por nadie; y ninguna ha quedado sin respuesta o en cierto modo «adaptada» por Aquel a quien iba dirigida.

En todo caso, eran sin duda demasiadas, y demasiado amplias para una entrevista televisiva, incluso larga. Al responder por escrito, el Papa ha podido explayarse, apuntando él mismo, mientras respondía, nuevos problemas. Los cuales presuponían, por tanto, una pregunta *ad hoc*. Por citar un solo caso: los jóvenes. No entraban en el esquema, y les ha querido dedicar unas páginas –cosa que confirma además su predilección por ellos–, que se cuentan entre las más bellas del libro, y en las que vibra, emocionada, su experiencia de joven pastor entre la juventud de una patria a la que tanto ama.

Para comodidad del lector más interesado en unos temas que en otros (aunque nuestro consejo es que lea el texto completo, verdaderamente «católico», también en el sentido de que en el texto *tout se tient* y todo se integra en una perspectiva orgánica), a cada una de las treinta y cinco preguntas he puesto un breve título que indica los contenidos, aunque sólo sea de manera aproximada debido a lo imprevisto de las sugerencias que el Papa señala aquí y allá; otra confirmación más del *pathos* que impregna unas palabras que, sin embargo, están inmersas obviamente en el «sistema» de la ortodoxia católica, junto a la más amplia «apertura» posconciliar.

De todos modos, el texto ha sido examinado y aprobado por el mismo Autor en la versión publicada en italiano, y de ese modelo salen al mismo tiempo las traducciones en las principales lenguas del mundo; ya que la fidelidad era imprescindible para garantizar al lector que la voz que aquí resuena, en su humanidad y también en su autoridad, es única y totalmente la del Sucesor de Pedro.

Así que parece más adecuado hablar no tanto de una «entrevista» como de «un libro escrito por el Papa», si bien con el estímulo de una serie de preguntas. Corresponderá luego a los teólogos y a los exegetas del magisterio pontificio plantearse el problema de la «clasificación» de un texto sin precedentes, y que por tanto ofrece perspectivas inéditas en la Iglesia.

A propósito de mi tarea de edición, desde ciertos sectores se me proponía una intervención excesiva, con comentarios, observaciones, explicaciones, citas de encíclicas, de documentos, de alocuciones. Contra tales sugerencias, he procurado pasar lo más inadvertido posible, limitándome a esta nota editorial que explica cómo fueron las cosas (tan «raras» en su sencillez), sin disminuir, con intrusiones inoportunas, la extraordinaria novedad, la sorprendente vibración, la riqueza teológica que caracterizan estas páginas.

Páginas que, estoy seguro, hablan por sí mismas; y que no tienen otra intención que la «religiosa», no tienen ningún otro propósito sino subrayar –con el género literario «entrevista»– la tarea del Sucesor de Pedro, maestro de la fe, apóstol del Evangelio, padre y al mismo tiempo hermano universal. En él sólo los cristiano-católicos ven al Vicario de Cristo, pero su testimonio de la verdad y su servicio en la caridad se extienden a todo hombre, como lo demuestra también el indiscutible prestigio que la Santa Sede ha ido adquiriendo en la escena mundial. No hay pueblo que al reconquistar su libertad o su independencia no decida, entre los primeros actos de soberanía, enviar un representante a Roma, *ad Petri Sedem*. Y esto es debido, mucho antes que a cualquier consideración política, casi a una necesidad de legitimidad «espiritual», de exigencia «moral».

UNA CUESTIÓN DE FE

Puesto ante la no leve responsabilidad de plantear una serie de preguntas, para las que se me dejaba una completa libertad, decidí inmediatamente descartar los temas políticos, sociológicos e incluso «clericales», de «burocracia eclesiástica», que constituyen la casi totalidad de la información, o desinformación, supuestamente «religiosa», que circula por tantos medios de comunicación, no solamente *laicos*.

Si se me permite, citaré un párrafo de un apunte de trabajo que propuse a quien me había metido en el proyecto: «El tiempo que tenemos para esta ocasión verdaderamente única no debería malgastarse con las acostumbradas preguntas del "vaticanólogo". Antes, mucho antes del "Vaticano" –Estado entre otros Estados, aunque sea minúsculo y peculiar–, antes de los habituales temas –necesarios quizá pero secundarios, y quizá también desorientadores– sobre las posibilidades de la institución eclesiástica, antes de la discusión sobre cuestiones morales controvertidas, antes que todo eso está la fe.

»Antes que todo eso están las certezas y oscuridades de la fe, está esa crisis por la que parece verse atacada, está su posibilidad misma hoy en culturas que juzgan como provocación, fanatismo, intolerancia, el sostener que no existen solamente opiniones, sino que todavía existe una Verdad, con mayúscula. En resumen, sería oportuno aprovechar la disponibilidad del Santo Padre para intentar plantear el problema de las "raíces", de eso sobre lo que se basa todo el resto, y que sin embargo parece que se deja aparte, a menudo dentro de la Iglesia misma, como si no se quisiera o no se pudiera afrontar.»

En ese apunte continuaba: «Lo diré, si se me permite, en tono de broma: aquí no interesa el problema exclusivamente clerical –y "clerical" es también cierto laicismo– de la decoración de las salas vaticanas, si debe ser "clásica" (conservadores) o "moderna" (progresistas).

»Tampoco interesa un Papa al que muchos quisieran ver reducido a presidente de una especie de agencia mundial para la ética o para la paz o para el medio ambiente. Un Papa que garantizara el nuevo dogmatismo (más sofocante que ese del que se acusa a los católicos) de lo *politically correct*, ni un Papa repetidor de conformismos a la moda. Interesa, en cambio, descubrir si todavía son firmes los fundamentos de la fe sobre los que se apoya ese palacio eclesial, cuyo valor y cuya legitimidad dependen solamente de si sigue basado en la certeza de la Resurrección de Cristo. Por tanto, desde el comienzo de la conversación, sería necesario poner de relieve el "escandaloso" enigma que el Papa, en cuanto tal, representa: no es principalmente un grande entre los grandes de la tierra, sino el único hombre en el que otros hombres ven una relación directa con Dios, ven al "Vice" mismo de Jesucristo, Segunda Persona de la Trinidad.»

Añadía finalmente: «Del sacerdocio de las mujeres, de la pastoral para homosexuales o divorciados, de estrategias geopolíticas vaticanas, de elecciones sociopolíticas de los creyentes, de ecología o de superpoblación, así como de tantas otras cuestiones, se puede, es más, se debe discutir, y a fondo; pero sólo después de haber establecido un orden (tan frecuentemente tergiversado hoy, hasta en ambientes católicos) que ponga en primer lugar la sencilla y terrible pregunta: lo que los católicos creen, y de lo que el Papa es el Supremo Garante, ¿es "verdad" o "no es verdad"? ¿El Credo cristiano es todavía aceptable al pie de la letra o se debe poner como telón de fondo, como una especie de vieja aunque noble tradición cultural, de orientación sociopolítica, de escuela de pensamiento, pero ya no como una certeza de fe cara a la vida eterna? Discutir

–como se hace– sobre cuestiones morales (desde el uso del preservativo hasta la legalización de la eutanasia) sin afrontar antes el tema de la fe y de su verdad es inútil, más aún, no tiene sentido. Si Jesús no es el Mesías anunciado por los profetas, ¿puede, de verdad, importarnos el "cristianismo" y sus exigencias éticas? ¿Puede interesarnos seriamente la opinión de un Vicario de Cristo si ya no se cree en que aquel Jesús resucitó y que –sirviéndose sobre todo de este hombre vestido de blanco– guía a Su Iglesia hasta que vuelva en su Gloria?»

He de reconocer que no tuve que insistir para que se me aceptara un planteamiento así. Al contrario, encontré enseguida la plena conformidad, la completa sintonía del Interlocutor de la conversación, quien durante nuestro encuentro en Castelgandolfo, y después de decirme que había examinado el primer borrador de preguntas que le había enviado, me comentó que había aceptado la entrevista sólo desde su deber de Sucesor de los apóstoles, sólo para aprovechar una posterior ocasión de dar a conocer el *kérigma*, es decir, el impresionante anuncio sobre el que toda la fe se funda: «Jesús es el Señor; solamente en Él hay salvación: hoy, como ayer y siempre.»

Desde este planteamiento, pues, ha sido vista y juzgada esta posibilidad de una «entrevista», que inicialmente me había dejado perplejo. Éste es un Papa impaciente en su afán apostólico, un Pastor al que los caminos usuales le parecen siempre insuficientes, que busca por todos los medios hacer llegar a los hombres la Buena Nueva, que, evangélicamente, quiere gritar desde los terrados (hoy cuajados de antenas de televisión) que la Esperanza existe, que tiene fundamento, que se ofrece a quien quiera aceptarla; incluso la conversación con un periodista es valorada por él en la línea de lo que Pablo dice en su primera carta a los Corintios: «Me he hecho todo a todos para salvar a toda costa a algunos. Y todo esto lo hago por el Evangelio, para ser partícipe del mismo» (9,22-23).

En este ambiente toda abstracción desaparece: el dogma se convierte en carne, sangre, vida. El teólogo se hace testigo y pastor.

DON KAROL, PÁRROCO DEL MUNDO

Estas páginas que ahora siguen han nacido de una vibración «kerigmática», de primer anuncio, de «nueva evangelización»; al acercarse a ellas, el lector se dará cuenta de por qué no quise añadir mis irrelevantes notas y comentarios a palabras tan cargadas ya de significado, llevadas casi al colmo de la pasión, precisamente esa *passion de convaincre* que, siguiendo a Pascal, tendría que ser el signo distintivo de todo cristiano, y que aquí caracteriza profundamente a este «Siervo de los siervos de Dios».

Para él, Dios no sólo existe, vive, obra, sino que también, y sobre todo, es Amor; mientras que para el iluminismo y el racionalismo, que contaminaron incluso cierto tipo de teología, Dios era el impasible Gran Arquitecto, era sobre todo Inteligencia. Con un clamor tras otro, este hombre –sirviéndose de las páginas aquí recogidas– quiere hacer llegar a cada hombre el siguiente mensaje: «¡Date cuenta, quienquiera que seas, de que eres amado! ¡Advierte que el Evangelio es una invitación a la alegría! ¡No te olvides de que tienes un Padre, y que cualquier vida, incluso la que para los hombres es más insignificante, tiene un valor eterno e infinito a Sus ojos!»

Un experto teólogo, una de las poquísimas personas que han podido hojear este texto todavía manuscrito, me decía: «Aquí hay una revelación –directa, sin esquemas ni filtros– del universo religioso e intelectual de Juan Pablo II y, en consecuencia, una clave para la lectura e interpretación de su magisterio completo.»

Aventuraba incluso el mismo teólogo: «No sólo los comentaristas actuales sino también los historiadores futuros tendrán que apoyarse en estas páginas para comprender el primer papado polaco. Escritas a mano, de un tirón –con esa manera suya que algún pacato podría calificar de "impulsiva", o quizá de generosa "imprudencia"–, estas páginas nos dan a conocer, de modo extraordinariamente eficaz, no sólo la mente sino también el corazón del hombre a quien se deben tantas encíclicas, tantas cartas apostólicas, tantos discursos. Aquí todo va a la raíz; es un documento para hoy, pero también para la historia.»

Me confiaba un colaborador directo del Pontífice que cada homilía, cada explicación del Evangelio –en cada Misa que él celebra– está siempre, y toda, escrita de su mano, de comienzo a fin. No se limita a poner sobre el papel algunos apuntes que señalen los temas que deben ser desarrollados; escribe cada palabra, tanto en una liturgia solemne para un millón de personas (o para mil millones, como ha sucedido en ciertas emisiones televisivas) como en la Eucaristía celebrada para unos pocos íntimos, en su oratorio privado. Justifica este esfuerzo recordando que es tarea primordial e ineludible, no delegable, de todo sacerdote el hacerse instrumento para consagrar el pan y el vino, para hacer llegar al pecador el perdón de Cristo, y también para explicar la Palabra de Dios.

De este mismo modo parece haber considerado estas respuestas. Hay, pues, aquí también una especie de «predicación», de «explicación del Evangelio» hecha por «don Karol, párroco del mundo».

Digo «también» porque el lector no encontrará solamente eso, sino una singular combinación a veces de confidencia personal (emocionantes los trozos sobre su infancia y juventud en su tierra natal), a veces de reflexión y de exhortación espirituales, a veces de meditación mística, a veces de retazos del pasado o sobre el futuro, a veces de especulaciones teológicas y filosóficas.

Por tanto, si todas las páginas exigen una lectura atenta (detrás del tono divulgativo, quien se detenga un poco podrá descubrir una sorprendente profundidad), algunos pasajes exigen una especial atención. Desde nuestra experiencia de lectores «de preestreno», podemos asegurar que vale del todo la pena. El tiempo y la atención que se empleen recibirán amplia recompensa.

Se podrá comprobar, entre otras cosas, cómo al máximo de apertura (con arranques de gran audacia: véanse, por ejemplo, las páginas sobre el ecumenismo o las otras sobre escatología, «los novísimos») va unido siempre el máximo de fidelidad a la tradición. Y que sus brazos abiertos a todo hombre no debilitan en nada la identidad, católica, de la que Juan Pablo II es muy consciente de ser garante y depositario ante Cristo, «en cuyo nombre solamente está la salvación» (cfr. *Hechos de los Apóstoles* 4,12).

Es bien sabido que en 1982 el escritor y periodista francés André Frossard publicó –tomando como título la exhortación que ha llegado a ser casi la consigna del pontificado: *¡No tengáis miedo!*– el resultado de una serie de conversaciones con este Papa.

Sin querer quitarle nada, por supuesto, a ese importante libro, excelentemente estructurado, puede observarse que entonces se estaba al comienzo del pontificado de Karol Wojtyla en la Sede de Pedro. En las páginas que siguen está, en cambio, toda la experiencia de quince años de servicio, está la huella que ha dejado en su vida todo lo que de decisivo ha ocurrido en este tiempo (basta pensar solamente en la caída del marxismo), la huella dejada en la Iglesia, en el mundo. Pero lo que no sólo ha permanecido intacto sino que parece incluso haberse multiplicado (este libro da de ello pleno testimonio) es su capacidad de generar proyectos, su ímpetu de cara al futuro, su mirar hacia adelante –a ese «tercer milenio cristiano»– con el ardor y la seguridad de un hombre joven.

EL SERVICIO DE PEDRO

Bajo una luz semejante, cabe esperar entre otras cosas que los que, tanto fuera como dentro de la Iglesia, llegaron a sospechar que este «Papa venido de lejos» traía «intenciones restauradoras» o era «reaccionario a las novedades conciliares» encuentren al fin el modo de rectificarse completamente.

Queda aquí confirmado de continuo su papel providencial desde aquel Concilio Vaticano II en cuyas sesiones (desde la primera a la última) el entonces joven obispo Karol Wojtyla participó con un papel siempre activo y relevante. Por aquella extraordinaria aventura –y por lo que ha derivado de ella en la Iglesia– Juan Pablo II no tiene ninguna intención de «arrepentirse», como declara rotundamente, a pesar de que no oculte los problemas y dificultades debidas –esto está comprobado– no al Vaticano II, sino a apresuradas cuando no abusivas interpretaciones.

Que quede, pues, bien claro que –ante el planteamiento plenamente religioso de estas páginas–, simplificaciones como «derecha-izquierda» o como «conservador-progresista» se revelan totalmente inadecuadas y sin sentido. La «salvación cristiana», a la que dedica algunas de las páginas más apasionadas, no tiene nada que ver con semejantes estrecheces políticas, que constituyen desgraciadamente el único parámetro de tantos comentaristas, condenados así –sin sospecharlo siquiera– a no comprender nada de la profunda dinámica de la Iglesia. Los esquemas de las siempre cambiantes ideologías mundanas están muy lejos de la visión «apocalíptica» –en el sentido etimológico de revelación, de desvelamiento del plan de la Providencia– que llena el magisterio de este Pontífice y da vida también a las siguientes páginas.

Me decía un íntimo colaborador suyo: «Para saber quién es Juan Pablo II hay que verlo rezar, sobre todo en la intimidad de su oratorio privado.» ¿Acaso puede entender algo de este Papa –igual que de cualquier otro Papa– quien excluya esto de sus análisis, centrándose en sofisticadas apariencias?

El lector comprobará que, en numerosas ocasiones, no he dudado en adoptar el papel de «acicate», de «estímulo», aun hasta el de respetuoso «provocador». Es una tarea no siempre grata ni fácil. Creo, sin embargo, que ésta es la obligación de todo entrevistador, que –manteniendo, naturalmente, esa virtud cristiana que es la de ironizar sobre sí mismo, esa sonrisa burlona ante la tentación de tomarse demasiado en serio– debe intentar poner en práctica la «mayéutica», que es, como se sabe, la «técnica de las comadronas».

Por otra parte, tuve la impresión de que mi Interlocutor esperaba precisamente este tipo de «provocación», y no delicadezas cortesanas, como demuestran la viveza, la claridad, la sinceridad espontánea de las respuestas. He conseguido con eso algo que se parece a una afectuosa «represión», o quizá a una paternal «oposición». También esto me complace, ya que no sólo confirma la generosa seriedad con que han sido acogidas mis preguntas, sino que además el Santo Padre ha corroborado así que mi modo de plantear los problemas –a pesar de que no los pueda compartir– es el de tantos otros hombres de nuestro tiempo. Era, pues, un deber de este cronista intentar erigirse en su portavoz, en nombre de todos los que «nos dan trabajo», los lectores.

Claro que, con algo parecido a lo que los autores de espiritualidad llaman «santa envidia» (y que, como tal, puede no ser un «pecado», sino un beneficioso acicate), ante algunas respuestas he tomado plena conciencia de la desproporción entre nosotros –pequeños creyentes agobiados por problemas a nuestra mediocre medida– y este Sucesor de Pedro, quien –si es lícito expresarse así– no tiene necesidad de «creer». Para él, en efecto, el contenido de la fe es de una evidencia tangible. Por tanto, y a pesar de que él también aprecie a Pascal (al que cita), no tiene necesidad de recurrir a ninguna «apuesta» como él, no necesita del apoyo de ningún «cálculo de probabilidades» para estar seguro de la objetiva verdad del Credo.

Que la Segunda Persona de la Trinidad se ha encarnado, que Jesucristo vive, actúa, informa el universo entero con Su amor, el cristiano Karol Wojtyla en cierta manera lo siente, lo toca, lo experimenta; como le sucede a todo místico, que es el que ha alcanzado ya la evidencia. Lo que para nosotros puede ser un problema, para él es un dato de hecho objetivamente incontestable. No ignora, como antiguo profesor de filosofía, el esfuerzo de la mente humana en la búsqueda de «pruebas» de la verdad cristiana (a esto, precisamente, dedica algunas de las páginas más densas), pero se tiene la impresión de que, para él, esos argumentos no son sino confirmaciones obvias de una realidad evidente.

También en este sentido me ha parecido estar verdaderamente en consonancia con el Evangelio, ver cumplidas las palabras de Jesús, transmitidas por Mateo: «Bienaventurado tú, Simón, hijo de Juan, porque no te ha revelado esto ni la carne ni la sangre, sino mi Padre que está en los Cielos. Y yo te digo que tú eres Pedro, y sobre esta piedra edificaré mi Iglesia, y las puertas del infierno no prevalecerán contra ella» (16,17-18).

Una piedra, una roca a la que agarrarse a la hora de la prueba, en esas «tempestades de la duda», en esas «noches oscuras» que insidian nuestra fe, tan a menudo vacilante; el testigo de la verdad del Evangelio, que no duda, el testigo de la existencia de Otro Mundo donde a cada uno le será dado lo suyo, y en el que a cada uno –con tal de que haya querido– le será dada la plenitud de la vida eterna. Éste es el servicio a los hombres que Jesucristo mismo confió a un hombre, haciéndole Su «Vicario»: «Simón, Simón, he aquí que Satanás os ha reclamado para cribaros como el trigo. Pero yo he rogado por ti para que no desfallezca tu fe; y tú, cuando te conviertas, confirma a tus hermanos» (*Lucas* 22,31-32). Éste es el servicio que cumple el actual Sucesor de Pedro, que, después de casi veinte siglos, está todavía entre los que «han visto la Resurrección», y que saben que «aquel Jesús ha subido al Cielo» (cfr. *Hechos de los Apóstoles* 1,21-22). Y está dispuesto a asegurarlo con su misma vida, con palabras, pero sobre todo con hechos.

En esta mano firme que se nos tiende para darnos seguridad, en esta confirmación, tan respetuosa como apasionada, del «esplendor de la verdad» –expresión que muchas veces se repite aquí–, me ha parecido que está el mayor regalo que ofrecen estas páginas.

A quien primero las ha leído le han hecho mucho bien, le han dado seguridad, empujándole a una mayor coherencia, a intentar sacar consecuencias más acordes con las premisas de una fe quizá más teorizada que practicada en la vida cotidiana.

No dudamos de que harán bien a muchos, cumpliéndose así la única razón que ha movido a este singular Entrevistado, quien desde la cama del hospital donde se encontraba por una dolorosa caída, decía que había ofrecido un poco de su sufrimiento también por los lectores de estas páginas, en las que la palabra que quizá con mayor frecuencia se repite, junto a «esperanza», sea «alegría».

¿Será acaso retórico decirle que, también por esto, le estamos agradecidos?

VITTORIO MESSORI

1

EL «PAPA»: UN ESCÁNDALO
Y UN MISTERIO

Santidad, con mi primera pregunta quisiera remontarme a las raíces; me excusará, pues, si es más larga que las siguientes.

Estoy ante un hombre vestido de blanco, con una cruz sobre el pecho. No quiero dejar de señalar que este hombre al que llaman Papa («Padre», en griego) es en sí mismo un misterio, un signo de contradicción, e incluso una provocación, un «escándalo» según lo que para muchos es el sentido común.

Efectivamente, ante un Papa hay que elegir. El que es Cabeza de la Iglesia católica es definido por la fe «Vicario de Cristo». Es considerado como el hombre que sobre la tierra representa al Hijo de Dios, el que «hace las veces» de la Segunda Persona de la Trinidad. Esto es lo que afirma todo Papa de sí mismo. Esto es lo que creen los católicos.

Sin embargo, y según muchos otros, esta pretensión es absurda; para ellos el Papa no es representante de Dios sino testigo superviviente de unos antiguos mitos y leyendas que el hombre de hoy no puede aceptar.

Por lo tanto, ante Usted es necesario –diciéndolo al modo de Pascal– apostar: o bien es Usted el misterioso testimonio vivo del Creador del universo, o bien el protagonista más ilustre de una ilusión milenaria.

Si me lo permite, Le preguntaría: ¿No ha dudado nunca, en medio de su certeza, de tal vínculo con Jesucristo y, por tanto, con Dios? ¿Nunca se ha planteado preguntas y problemas acerca de la verdad de ese *Credo* que se recita en la Misa y que proclama una inaudita fe, de la que Usted es el garante más autorizado?

RESPUESTA

Quisiera empezar con la explicación de las palabras y de los conceptos. Su pregunta está, de un lado, penetrada por una fe viva y, de otro, por una cierta inquietud. Debo señalar eso ya desde el principio y, al hacerlo, debo referirme a la exhortación que resonó al comienzo de mi ministerio en la Sede de Pedro: «¡No tengáis miedo!»

Cristo dirigió muchas veces esta invitación a los hombres con que se encontraba. Esto dijo el Ángel a María: «No tengas miedo» (cfr. *Lucas* 1,30). Y esto mismo a José: «No tengas miedo» (cfr. *Mateo* 1,20). Cristo lo dijo a los Apóstoles, y a Pedro, en varias ocasiones, y especialmente después de su Resurrección, e insistía: «¡No tengáis miedo!»; se daba cuenta de que tenían miedo porque no estaban seguros de si Aquel que veían era el mismo Cristo que ellos habían conocido. Tuvieron miedo cuando fue apresado, y tuvieron aún más miedo cuando, Resucitado, se les apareció.

Esas palabras pronunciadas por Cristo las repite la Iglesia. Y con la Iglesia *las repite también el Papa.* Lo ha hecho desde la primera homilía en la plaza de San Pedro: «¡No tengáis miedo!» No son palabras dichas porque sí, están profundamente enraizadas en el Evangelio; son, sencillamente, las palabras del mismo Cristo.

¿De qué no debemos tener miedo? No debemos temer a *la verdad de nosotros mismos.* Pedro tuvo conciencia de ella, un día, con especial viveza, y dijo a Jesús: «¡Apártate de mí, Señor, que soy un hombre pecador!» (*Lucas* 5,8).

Pienso que no fue sólo Pedro quien tuvo conciencia de esta verdad. Todo hombre la advierte. La advierte todo Sucesor de Pedro. La advierte de modo particularmente claro el que, ahora, le está respondiendo. Todos nosotros le estamos *agradecidos a Pedro* por lo que dijo aquel día: «¡Apártate de mí, Señor, que soy un hombre pecador!» Cristo le respondió: «No temas; desde ahora serás pescador de hombres» (*Lucas* 5,10). *¡No tengas miedo de los hombres!* El hombre es siempre igual; los sistemas que crea son siempre imperfectos, y tanto más imperfectos cuanto más seguro está de sí mismo. ¿Y esto de dónde proviene? Esto viene del corazón del hombre, nuestro corazón está inquieto; Cristo mismo conoce mejor que nadie su angustia, porque «Él sabe lo que hay dentro de cada hombre» (cfr. *Juan* 2,25).

Así que, ante su primera pregunta, deseo referirme a las palabras de Cristo y, al mismo tiempo, a mis primeras palabras en la plaza de San Pedro. Por lo tanto, «no hay que tener miedo» cuando la gente te llama *Vicario de Cristo*, cuando te dicen *Santo Padre* o *Su Santidad* o emplean otras expresiones semejantes a éstas, que parecen incluso contrarias al Evangelio, porque el mismo Cristo afirmó: «A nadie llaméis *padre* [...] porque sólo uno es vuestro Padre, el del Cielo. Tampoco os hagáis llamar *maestros*, porque sólo uno es vuestro Maestro: Cristo» (*Mateo* 23,9-10). Pero estas expresiones surgieron al comienzo de una larga tradición, entraron en el lenguaje común, y tampoco hay que tenerles miedo.

Todas las veces en que Cristo exhorta a «no tener miedo» se refiere tanto a Dios como al hombre. Quiere decir: *No tengáis miedo de Dios*, que, según los filósofos, es el Absoluto trascendente; no tengáis miedo de Dios, sino invocadle conmigo: «Padre nuestro» (*Mateo* 6,9). *No tengáis miedo de decir: ¡Padre!* Desead incluso ser perfectos como lo es Él, porque Él es perfecto. Sí: «Sed, pues, vosotros perfectos como es perfecto vuestro Padre celestial» (*Mateo* 5,48).

Cristo es el *sacramento, el signo tangible, visible, del Dios invisible.* Sacramento implica presencia. Dios está con nosotros. Dios, infinitamente perfecto, no sólo está con el hombre, sino que Él mismo se ha hecho hombre en Jesucristo. *¡No tengáis miedo de Dios que se ha hecho hombre!* Esto es lo que Pedro dijo junto a Cesarea de Filipo; «Tú eres Cristo, el Hijo de Dios vivo» (*Mateo* 16,16). Indirectamente afirmaba: Tú eres el Hijo de Dios que se ha hecho Hombre. Pedro no tuvo miedo de decirlo, aunque tales palabras no provenían de él. Provenían del Padre. «Solamente el Padre conoce al Hijo y sólo el Hijo conoce al Padre» (cfr. *Mateo* 11,27).

«Bienaventurado tú, Simón, hijo de Juan, porque no te ha revelado esto ni la carne ni la sangre, sino mi Padre que está en los Cielos» (*Mateo* 16,17). Pedro pronunció estas palabras en virtud del Espíritu Santo. También la Iglesia las pronuncia constantemente en virtud del Espíritu Santo.

Así pues, Pedro no tuvo miedo de Dios que se había hecho hombre. Sintió miedo, en cambio, ante el Hijo de Dios como hombre; no acababa de aceptar que fuese flagelado y coronado de espinas, y al fin crucificado. Pedro no podía aceptarlo. Le daba miedo. Y por eso Cristo *le reprendió* severamente. Sin embargo, *no lo rechazó.*

No rechazó a aquel hombre que tenía buena voluntad y un corazón ardiente, a aquel hombre que en el Getsemaní empuñaría incluso la espada para defender a su Maestro. Jesús solamente le dijo: «Satanás os ha buscado –te ha buscado, pues, también a ti– para cribaros como el trigo; pero yo he rogado por ti... tú, una vez convertido, confirma en la fe a tus hermanos» (cfr. *Lucas* 22,31-32). Cristo no rechazó a Pedro; aceptó complacido su confesión junto a Cesarea de Filipo y, con el poder del Espíritu Santo, lo llevó a través de Su Pasión hasta la renuncia de sí mismo.

Pedro, como hombre, demostró no ser capaz de seguir a Cristo a todas partes, y especialmente a la muerte. Después de la Resurrección, sin embargo, fue el primero que corrió, junto con Juan, al sepulcro, para comprobar que el Cuerpo de Cristo ya no estaba allí.

También después de la Resurrección, Jesús confirmó a Pedro en su misión. Le dijo de manera significativa: «¡Apacienta mis corderos! [...] Apacienta mis ovejas!» (*Juan* 21,15-16). Pero antes le preguntó si Le amaba. Pedro, que había negado conocer a Cristo, aunque no había dejado de amarLe, pudo responder: «Tú sabes que te amo» (*Juan* 21,15); sin embargo, ya no repitió: «Aunque tenga que morir contigo, no te negaré» (*Mateo* 26,35). *Ya no era una cuestión solamente de Pedro* y de sus simples fuerzas humanas; se había convertido ahora en una cuestión del Espíritu Santo, prometido por Cristo al que tuviera que hacer las veces de Él sobre la tierra.

Efectivamente, el día de Pentecostés, Pedro habló el primero a los israelitas allí reunidos y a los que habían llegado de diversas partes, recordando la culpa de quienes clavaron a Cristo en la Cruz, y confirmando la verdad de Su Resurrección. Exhortó también a la conversión y al Bautismo. Y así, gracias a la acción del Espíritu Santo, *Cristo pudo confiar en Pedro*, pudo *apoyarse en él* –en él y en todos los demás apóstoles–, como también en Pablo, que por entonces perseguía aún a los cristianos y odiaba el nombre de Jesús.

Sobre este fondo, un fondo histórico, poco importan expresiones como Sumo Pontífice, Su Santidad, Santo Padre. Lo que importa es eso que surge de la Muerte y de la Resurrección de Cristo. Lo importante es lo que proviene del poder del Espíritu Santo. En este campo, Pedro, y con él los otros apóstoles, y luego también Pablo después de su conversión, se transformaron en los *auténticos testigos de Cristo, hasta el derramamiento de sangre*.

En definitiva, Pedro es el que no sólo no niega ya nunca más a Cristo, el que no repite su infausto «No conozco a este hombre» (*Mateo* 26,72), sino que es el que *ha perseverado en la fe hasta el fin*: «Tú eres Cristo, el Hijo de Dios vivo» (*Mateo* 16,16). De este modo, ha llegado a ser la «roca», aun si como hombre, quizá, no era más que arena movediza. *Cristo mismo es la roca*, y Cristo edifica Su Iglesia sobre Pedro. Sobre Pedro, Pablo y los apóstoles. *La Iglesia es apostólica* en virtud de Cristo.

Esta Iglesia confiesa: «Tú eres Cristo, el Hijo de Dios vivo.» Esto confiesa la Iglesia a través de los siglos, junto con todos los que comparten su fe. Junto con todos aquellos a quienes el Padre ha revelado al Hijo en el Espíritu Santo, así como a quienes el Hijo en el Espíritu Santo ha revelado al Padre (cfr. *Mateo* 11,25-27).

Esta revelación es *definitiva*, sólo se la puede aceptar o rechazar. Se la puede aceptar, confesando a Dios, Padre Omnipotente, Creador del cielo y de la tierra, y a Jesucristo, el Hijo, de la misma sustancia que el Padre y el Espíritu Santo, que es el Señor y da la vida. O bien se puede rechazar todo esto, y escribir con mayúsculas: «Dios no tiene un Hijo»; «Jesucristo no es el Hijo de Dios, es solamente uno de los profetas, aunque no el último; es solamente un hombre.»

¿Se puede uno sorprender de tales posturas cuando sabemos que Pedro mismo tuvo dificultades a este respecto? Él creía en el Hijo de Dios, pero no acababa de aceptar que este Hijo de Dios, como hombre, pudiese ser flagelado, coronado de espinas, y tuviese que morir luego en la cruz.

¿Cabe sorprenderse si hasta los que creen en un Dios único, del cual Abraham fue testigo, encuentran difícil aceptar la fe en un Dios crucificado? Éstos sostienen que Dios únicamente puede ser potente y grandioso, absolutamente trascendente y bello en Su poder, santo, e inalcanzable por el hombre. ¡Dios sólo puede ser así! No puede ser Padre e Hijo y Espíritu Santo. No puede ser Amor que se da y que permite que se Le vea, que se Le oiga, que se Le imite como hombre, que se Le ate, que se Le abofetee y que se Le crucifique. ¡Eso no puede ser Dios...! Así que en el centro mismo de la gran tradición monoteísta se ha introducido esta *profunda desgarradura*.

En la Iglesia –edificada sobre la roca que es Cristo– Pedro, los apóstoles y sus sucesores son testigos de Dios crucificado y resucitado en Cristo. De ese modo, son testigos de la vida que es más fuerte que la muerte. Son testigos de Dios que da la vida porque es Amor (cfr. 1 *Juan* 4,8). Son testigos porque han visto, oído y tocado con las manos, con los ojos y los oídos de Pedro, de Juan y de tantos otros. Pero Cristo dijo a Tomás; «¡Bienaventurados los que, aun sin haber visto, creerán!» (*Juan* 20,29).

Usted, justamente, afirma que *el Papa es un misterio*. Usted afirma, con razón, que él es *signo de contradicción*, que él es una *provocación*. El anciano Simeón dijo del propio Cristo que sería «signo de contradicción» (cfr. *Lucas* 2,34).

Usted, además, sostiene que frente a una verdad así –o sea, frente al Papa– *hay que elegir*; y para muchos esa elección no es fácil. Pero ¿acaso fue fácil para el mismo Pedro? ¿Lo ha sido para cualquiera de sus sucesores? ¿Es fácil para el Papa actual? Elegir comporta una iniciativa del hombre. Sin embargo, Cristo dice: «No te lo han revelado ni la carne ni la sangre, sino mi Padre» (*Mateo* 16,17). Esta elección, por tanto, no es solamente una iniciativa del hombre, es también una *acción de Dios*, que obra en el hombre, que revela. Y en virtud de esa acción de Dios, el hombre puede repetir: «Tú eres Cristo, el Hijo de Dios vivo» (*Mateo* 16,16), y después puede recitar todo el *Credo*, que es íntimamente armónico, conforme a la profunda lógica de la Revelación. El hombre también puede aplicarse a sí mismo y a los otros las consecuencias que se derivan de la lógica de la fe, penetradas del *esplendor de la verdad*; puede hacer todo eso, a pesar de saber que, a causa de ello, se convertirá en «signo de contradicción».

¿Qué le queda a un hombre así? Solamente las palabras que Jesús dirigió a los apóstoles: «Si me han perseguido a mí, os perseguirán también a vosotros; si han observado mi palabra, observarán también la vuestra» (*Juan* 15,20). Por lo tanto: «¡No tengáis miedo!» *No tengáis miedo del misterio de Dios*; no tengáis miedo de Su amor; *¡y no tengáis miedo de la debilidad del hombre ni de su grandeza!* El hombre no deja de ser grande ni siquiera en su debilidad. No tengáis miedo de ser testigos de la dignidad de toda persona humana, desde el momento de la concepción hasta la hora de su muerte.

Y a propósito de los nombres, añado: el Papa es llamado también Vicario de Cristo. Este título debe ser visto dentro del contexto total del Evangelio. Antes de subir al Cielo, Jesús dijo a los apóstoles: «Yo estaré con vosotros todos los días hasta el fin del mundo» (*Mateo* 28,20). Él, aunque invisible, está pues personalmente presente en su Iglesia. Y lo está en cada cristiano, en virtud del Bautismo y de los otros Sacramentos. Por eso, ya en tiempo de los santos Padres, era costumbre afirmar: *Christianus alter Christus* («el cristiano es otro Cristo»), queriendo con eso resaltar *la dignidad del bautizado* y su vocación, en Cristo, a la santidad.

Cristo, además, cumple una especial presencia en cada sacerdote, quien, cuando celebra la Eucaristía o administra los Sacramentos, lo hace *in persona Christi*.

Desde esta perspectiva, la expresión Vicario de Cristo cobra su verdadero significado. Más que una *dignidad*, se refiere a un *servicio*: pretende señalar las tareas del Papa en la Iglesia, su *ministerio petrino*, que tiene como fin el bien de la Iglesia y de los fieles. Lo entendió perfectamente san Gregorio Magno, quien, de entre todos los títulos relativos a la función del Obispo de Roma, prefería el de *Servus servorum Dei* («Siervo de los siervos de Dios»).

Por otra parte, no solamente el Papa ostenta este título; todo obispo es *Vicarius Christi* para la Iglesia que le ha sido confiada. El Papa lo es para la Iglesia de Roma y, por medio de ésta, para toda la Iglesia en comunión con ella, comunión en la fe y comunión institucional, canónica. Si además, con ese título, se quiere hacer referencia a la dignidad del Obispo de Roma, ésta no puede ser entendida separándola de la *dignidad de todo el colegio episcopal*, a la que está estrechísimamente unida, como lo está también a la dignidad de cada obispo, de cada sacerdote, y de cada bautizado.

¡Y qué grande es la dignidad de las personas consagradas, mujeres y hombres, que eligen como propia la vocación de realizar la dimensión esponsal de la Iglesia, esposa de Cristo! Cristo, Redentor del mundo y del hombre, es el Esposo de la Iglesia y de todos los que están en ella: «el esposo está con vosotros» (cfr. *Mateo* 9,15). Una especial tarea del Papa es la de profesar esta verdad y también la de hacerla en cierto modo presente en la Iglesia que está en Roma y en toda la Iglesia, en toda la humanidad, en el mundo entero.

Así pues, para disipar en alguna medida sus temores, dictados sin embargo por una profunda fe, le aconsejaría la lectura de san Agustín, quien solía repetir: *Vobis sum episcopus, vobiscum christianus* («Para vosotros soy el obispo, con vosotros soy un cristiano», cfr. por ej. *Sermo* 340,1: PL 38,1483). Si se considera esto adecuadamente, significa mucho más *christianus* que no *episcopus*, aunque se trate del Obispo de Roma.

2

REZAR: CÓMO Y POR QUÉ

Permítame pedirle que nos confíe al menos un poco del secreto de Su corazón. Frente a la convicción de que en Su persona –como en la de cualquier Papa– vive el misterio en el que la fe cree, surge espontáneamente la pregunta: ¿Cómo es capaz de sostener un peso semejante, que desde el punto de vista humano resulta casi insoportable? Ningún hombre en la tierra, ni siquiera los más altos representantes de las distintas religiones, tiene una responsabilidad semejante; nadie está en tan estrecha relación con Dios mismo, a pesar de Sus precisiones sobre la «corresponsabilidad» de todos los bautizados, bien que cada uno a su nivel.

Santidad, si me lo permite: ¿Cómo se dirige Usted a Jesús? ¿Cómo dialoga en la oración con ese Cristo que entregó a Pedro (para que llegaran hasta Usted, a través de la sucesión apostólica) las «llaves del Reino de los cielos», confiriéndole el poder de «atar y desatar» todas las cosas?

Usted hace una pregunta sobre la oración, pregunta al Papa *cómo reza*. Se lo agradezco. Quizá convenga iniciar la contestación con lo que san Pablo escribe en la *Carta a los Romanos*. El apóstol entra directamente *in medias res* cuando dice: «*El Espíritu viene en ayuda de nuestra debilidad* porque ni siquiera sabemos qué nos conviene pedir, pero el Espíritu mismo intercede con insistencia por nosotros, con gemidos inefables» (8,26).

¿Qué es la oración? Comúnmente se considera una conversación. En una conversación hay siempre un «yo» y un «tú». En este caso un Tú con la T mayúscula. La experiencia de la oración enseña que si inicialmente el «yo» parece el elemento más importante, uno se da cuenta luego de que en realidad las cosas son de otro modo. *Más importante es el Tú, porque nuestra oración parte de la iniciativa de Dios.* San Pablo en la *Carta a los Romanos* enseña exactamente esto. Según el apóstol, la oración refleja toda la realidad creada, tiene en cierto sentido una *función cósmica.*

El hombre es sacerdote de toda la creación, habla en nombre de ella, pero en cuanto guiado por el Espíritu. Se debería meditar detenidamente sobre este pasaje de la *Carta a los Romanos* para entrar en el profundo centro de lo que es la oración. Leamos: «La creación misma espera con impaciencia la revelación de los hijos de Dios; pues fue sometida a la caducidad –no por su voluntad, sino por el querer de aquel que la ha sometido–, y fomenta la esperanza de ser también ella liberada de la esclavitud de la corrupción, para entrar en la libertad de la gloria de los hijos de Dios. Sabemos que efectivamente toda la creación gime y sufre hasta hoy los dolores del parto; no sólo ella, sino que también nosotros, que poseemos las primicias del Espíritu, gemimos interiormente esperando la adopción de los hijos, la redención de nuestro cuerpo. Porque en la esperanza hemos sido salvados» (8,19-24). Y aquí encontramos de nuevo las palabras ya citadas del apóstol: «El Espíritu viene en ayuda de nuestra debilidad, porque ni siquiera sabemos qué nos conviene pedir, pero el Espíritu mismo intercede con insistencia por nosotros, con gemidos inefables» (8,26).

En la oración, pues, el verdadero protagonista es Dios. El protagonista es *Cristo*, que constantemente libera la criatura de la esclavitud de la corrupción y la conduce hacia la libertad, para la gloria de los hijos de Dios. Protagonista es el *Espíritu Santo*, que «viene en ayuda de nuestra debilidad». Nosotros empezamos a rezar con la impresión de que es una iniciativa nuestra; en cambio, es siempre una iniciativa de Dios en nosotros. Es exactamente así, como escribe san Pablo. *Esta iniciativa nos reintegra en nuestra verdadera humanidad, nos reintegra en nuestra especial dignidad.* Sí, nos introduce en la superior dignidad de los hijos de Dios, hijos de Dios que son lo que toda la creación espera.

Se puede y se debe rezar de varios modos, como la Biblia nos enseña con abundantes ejemplos. *El Libro de los Salmos es insustituible.* Hay que rezar con «gemidos inefables» para entrar en el *ritmo de las súplicas del Espíritu mismo.* Hay que implorar para obtener el perdón, integrándose en el profundo grito de Cristo Redentor (cfr. *Hebreos* 5,7). Y a través de todo esto hay que proclamar la gloria. *La oración siempre es un opus gloriae* (obra, trabajo de gloria). El hombre es sacerdote de la creación. Cristo ha confirmado para él una vocación y dignidad tales. La criatura realiza su *opus gloriae* por el mero hecho de ser lo que es, y por medio del esfuerzo de llegar a ser lo que debe ser.

También la ciencia y la técnica sirven en cierto modo al mismo fin. Sin embargo, en cuanto obras del hombre, pueden desviarse de este fin. Ese riesgo está particularmente presente en nuestra civilización que, por eso, encuentra tan difícil ser la civilización de la vida y del amor. Falta en ella el *opus gloriae*, que es el destino fundamental de toda criatura, y sobre todo del hombre, el cual ha sido creado para *llegar a ser, en Cristo, sacerdote, profeta y rey de toda terrena criatura.*

Sobre la oración se ha escrito muchísimo y, aún más, se ha experimentado en la historia del género humano, de modo especial en la historia de Israel y en la del cristianismo. El hombre alcanza *la plenitud de la oración* no cuando se expresa principalmente a sí mismo, sino *cuando permite que en ella se haga más plenamente presente el propio Dios*. Lo testimonia *la historia de la oración mística* en Oriente y en Occidente: san Francisco de Asís, santa Teresa de Jesús, san Juan de la Cruz, san Ignacio de Loyola y, en Oriente, por ejemplo, san Serafín de Sarov y muchos otros.

3

LA ORACIÓN DEL
«VICARIO DE CRISTO»

PREGUNTA

Después de estas precisiones, necesarias, sobre la oración cristiana, permítame que vuelva a la pregunta precedente: ¿Cómo –y por quiénes y por qué– reza el Papa?

RESPUESTA

¡Habría que preguntárselo al Espíritu Santo! El Papa reza *tal como el Espíritu Santo le permite rezar*. Pienso que debe rezar de manera que, profundizando en el misterio revelado en Cristo, pueda cumplir mejor su ministerio. Y el Espíritu Santo ciertamente le guía en esto. Basta solamente que el hombre no ponga obstáculos. «El Espíritu Santo viene en ayuda de nuestra debilidad.»

¿Por qué reza el Papa? ¿Con qué se llena el espacio interior de su oración?

Gaudium et spes, luctus et angor hominum huius temporis, alegrías y esperanzas, tristezas y angustias de los hombres de hoy son el objeto de la oración del Papa. (Éstas son las palabras con que se inicia el último documento del Concilio Vaticano II, la Constitución pastoral sobre la Iglesia en el mundo contemporáneo.)

Evangelio quiere decir buena noticia, y la Buena Noticia es siempre *una invitación a la alegría*. ¿Qué es el Evangelio? Es una *gran afirmación del mundo y del hombre*, porque es la revelación de la verdad de su Dios. *Dios es la primera fuente de alegría y de esperanza para el hombre.* Un Dios tal como nos lo ha revelado Cristo. Dios es Creador y Padre; Dios, que «amó tanto al mundo hasta entregar a su Hijo unigénito, para que el hombre no muera, sino que tenga la vida eterna» (cfr. *Juan* 3,16).

Evangelio es, antes que ninguna otra cosa, *la alegría de la creación.* Dios, al crear, ve que lo que crea es bueno (cfr. *Juan* 1,1-25), que es fuente de alegría para todas las criaturas, y en sumo grado lo es para el hombre. Dios Creador parece decir a toda la creación: «Es bueno que tú existas.» Y esta alegría Suya se transmite especialmente mediante la Buena Noticia, según la cual *el bien es más grande que todo lo que en el mundo hay de mal.* El mal no es ni fundamental ni definitivo. También en este punto el cristianismo se distingue de modo tajante de cualquier forma de pesimismo existencial.

La creación ha sido dada y confiada como tarea al hombre con el fin de que constituya para él no una fuente de sufrimientos, sino para que sea el *fundamento de una existencia creativa en el mundo.* Un hombre que cree en la bondad esencial de las criaturas está en condiciones de descubrir todos los secretos de la creación, de perfeccionar continuamente la obra que Dios le ha asignado. Para quien acoge la Revelación, y en particular el Evangelio, tiene que resultar obvio que es mejor existir que no existir; y por eso en el horizonte del Evangelio no hay sitio para ningún nirvana, para ninguna apatía o resignación. Hay, en cambio, un gran reto para perfeccionar todo lo que ha sido creado, tanto a uno mismo como al mundo.

Esta alegría esencial de la creación se completa a su vez con la *alegría de la Salvación*, con la *alegría de la Redención*. El Evangelio es en primer lugar una gran alegría por la salvación del hombre. El Creador del hombre es también su Redentor. La salvación no sólo se enfrenta con el mal en todas las formas de su existir en el mundo, sino que proclama la *victoria sobre el mal*. «Yo he vencido al mundo», dice Cristo (cfr. *Juan* 16,33). Son palabras que tienen su plena garantía en el Misterio pascual, en el suceso de la Pasión, Muerte y Resurrección de Jesús. Durante la vigilia de Pascua, la Iglesia canta como transportada: *O felix culpa, quae talem ac tantum meruit habere Redemptorem* («¡Oh feliz culpa, que nos hizo merecer un tal y tan gran Redentor!» *Exultet*).

El motivo de nuestra alegría es pues tener la fuerza con la que derrotar el mal, y es recibir la filiación divina, que constituye la esencia de la Buena Nueva. Este poder lo da Dios al hombre en Cristo. «El Hijo unigénito viene al mundo no para juzgar al mundo, sino para que el mundo se salve del mal» (cfr. *Juan* 3,17).

La obra de la Redención es la elevación de la obra de la Creación a un nuevo nivel. Lo que ha sido creado queda penetrado por una santificación redentora, más aún, por una divinización, queda como atraído por la órbita de la divinidad y de la vida íntima de Dios. En esta dimensión es vencida la fuerza destructiva del pecado. La vida indestructible, que se revela en la Resurrección de Cristo, «se traga», por así decir, la muerte. «¿Dónde está, oh muerte, tu victoria?», pregunta el apóstol Pablo fijando su mirada en Cristo resucitado (1 *Corintios* 15,55).

El Papa, que es testigo de Cristo y ministro de la Buena Nueva, es por eso mismo *hombre de alegría y hombre de esperanza, hombre de esta fundamental afirmación del valor de la existencia, del valor de la Creación y de la esperanza en la vida futura.* Naturalmente, no se trata ni de una alegría ingenua ni de una esperanza vana. La alegría de la victoria sobre el mal no ofusca *la conciencia realista de la existencia del mal* en el mundo y en todo hombre. Es más, incluso *la agudiza*. El Evangelio enseña a llamar por su nombre el bien y el mal, pero enseña también que «se puede y se debe vencer el mal con el bien» (cfr. *Romanos* 12,21).

La moral cristiana tiene su plena expresión en esto. Sin embargo, si está dirigida con tanta fuerza hacia los valores más altos, si trae consigo una afirmación tan universal del bien, *no puede por menos de ser también extraordinariamente exigente*. El bien, de hecho, no es fácil, sino que siempre es esa «senda estrecha» de la que Cristo habla en el Evangelio (cfr. *Mateo* 7,14). Así pues, *la alegría del bien y la esperanza de su triunfo* en el hombre y en el mundo no excluyen *el temor de perder este bien, de que esta esperanza se vacíe de contenido*.

Sí, el Papa, como todo cristiano, debe tener una *conciencia* particularmente *clara de los peligros* a los que está sujeta la vida del hombre en el mundo y en su futuro a lo largo del tiempo, como también en su futuro final, eterno, escatológico. La conciencia de tales peligros, sin embargo, no genera pesimismo, sino que lleva a la lucha por la victoria del bien en cualquier campo. Y esta *lucha por la victoria del bien* en el hombre y en el mundo *provoca la necesidad de rezar*.

La oración del Papa tiene, no obstante, una dimensión especial. *La solicitud por todas las Iglesias* impone cada día al Pontífice peregrinar por el mundo entero rezando con el pensamiento y con el corazón. Queda perfilada así una especie de *geografía de la oración del Papa*. Es la geografía de las comunidades, de las Iglesias, de las sociedades y también de los problemas que angustian al mundo contemporáneo. En este sentido el Papa es llamado a una *oración universal* en la que la *sollicitudo omnium Ecclesiarum* («la preocupación por todas las Iglesias»; 2 *Corintios* 11,28) le permite exponer ante Dios todas las alegrías y las esperanzas y, al mismo tiempo, las tristezas y preocupaciones que la Iglesia comparte con la humanidad contemporánea.

Se podría también hablar de la oración de nuestro tiempo, de la *oración del siglo* xx. El año 2000 supone una especie de desafío. Hay que mirar *la inmensidad del bien* que ha brotado del misterio de la Encarnación del Verbo y, al mismo tiempo, no permitir que se nos desdibuje el *misterio del pecado*, que se expande a continuación. San Pablo escribe que «allí donde abundó el pecado» (*ubi abundavit peccatum*), «sobreabundó la gracia» (*superabundavit gratia*) (*Romanos* 5,20).

Esta profunda verdad renueva de modo permanente el desafío de la oración. Muestra lo necesaria que es para el mundo y para la Iglesia, porque en definitiva supone *la manera más simple de hacer presente a Dios y Su amor salvífico en el mundo*. Dios ha confiado a los hombres su misma salvación, ha confiado a los hombres la Iglesia, y, en la Iglesia, toda la obra salvífica de Cristo. Ha confiado a cada uno cada individuo y el conjunto de los seres humanos. *Ha confiado a cada uno todos, y a todos cada uno*. Tal conciencia debe hallar eco constante en la oración de la Iglesia y en la oración del Papa en particular.

Todos somos «hijos de la promesa» (*Gálatas* 4,28). Cristo decía a los apóstoles: «Tened confianza, Yo he vencido al mundo» (*Juan* 16,33). Pero también preguntaba: «El Hijo del hombre, cuando venga, ¿encontrará aún fe sobre la tierra?» (*Lucas* 18,8). De aquí nace *la dimensión misionera de la oración de la Iglesia y del Papa.*

La Iglesia reza para que, en todas partes, se cumpla la obra de la salvación por medio de Cristo. Reza para poder vivir, ella también, constantemente dedicada a la misión recibida por Dios. Tal misión define en cierto sentido su misma esencia, como ha recordado el Concilio Vaticano II.

La Iglesia y el Papa rezan, pues, por las personas a las que debe ser confiada de modo particular esa misión, rezan por las *vocaciones*, no solamente sacerdotales y religiosas, sino también por las muchas vocaciones a la santidad entre el pueblo de Dios, en medio del laicado.

La Iglesia reza por los que sufren. El sufrimiento es siempre una gran prueba no sólo para las fuerzas físicas, sino también para las espirituales. La verdad paulina sobre ese «completar los sufrimientos de Cristo» (cfr. *Colosenses* 1,24) es parte del Evangelio. Está ahí contenida esa alegría y esa esperanza que son esenciales al Evangelio; pero el hombre no puede traspasar el umbral de esa verdad si no lo atrae el mismo Espíritu Santo. *La oración por los que sufren y con los que sufren es, pues, una parte muy especial de este gran grito* que la Iglesia y el Papa alzan junto con Cristo. Es el grito por la victoria del bien incluso a través del mal, por medio del sufrimiento, por medio de toda culpa e injusticia humanas.

Finalmente, la Iglesia *reza por los difuntos*, y esta oración dice mucho sobre la realidad de la misma Iglesia. Dice que la Iglesia está firme en la *esperanza de la vida eterna*. La oración por los difuntos es como un combate con la realidad de la muerte y de la destrucción, que hacen gravosa la existencia del hombre sobre la tierra. Es y sigue siendo esta oración una especial *revelación de la Resurrección*. Esa oración es Cristo mismo que da testimonio de la vida y de la inmortalidad, a la que Dios llama a cada hombre.

La oración es una búsqueda de Dios, pero también es *revelación* de Dios. A través de ella Dios se revela como Creador y Padre, como Redentor y Salvador, como Espíritu que «todo lo sondea, hasta las profundidades de Dios» (1 *Corintios* 2,10) y, sobre todo, «los secretos de los corazones humanos» (cfr. *Salmo* 44(43),22). *A través de la oración, Dios se revela en primer lugar como Misericordia*, es decir, como Amor que va al encuentro del hombre que sufre. Amor que sostiene, que levanta, que invita a la confianza. La victoria del bien en el mundo está unida de modo orgánico a esta verdad: un hombre que reza profesa esta verdad y, en cierto sentido, hace presente a Dios que es *Amor misericordioso* en medio del mundo.

4

¿HAY DE VERDAD UN DIOS
EN EL CIELO?

PREGUNTA

La fe de esos cristianos católicos de quienes Usted es pastor y maestro (bien que como «Vice» del único Pastor y Maestro) tiene tres «grados», tres «niveles», unidos los unos a los otros: Dios, Jesucristo, la Iglesia.

Todo cristiano cree que *Dios* existe.

Todo cristiano cree que ese Dios no sólo ha hablado, sino que ha asumido la carne del hombre siendo una de las figuras de la historia, en tiempos del Imperio romano: *Jesús de Nazaret.*

Pero, entre los cristianos, un católico va más allá: cree que ese Dios, que ese Cristo, vive y actúa –como en un «cuerpo», para usar uno de los términos del Nuevo Testamento– en la *Iglesia* cuya Cabeza visible en la tierra es ahora Usted, el Obispo de Roma.

La fe, por supuesto, es un don, una gracia divina; pero también la razón es un don divino. Según las antiguas exhortaciones de los santos y doctores de la Iglesia, el cristiano «cree para entender»; pero está también llamado a «entender para creer».

Comencemos, pues, por el principio. Santidad, situándonos en una perspectiva sólo humana –si eso es posible, al menos momentáneamente–, ¿puede el hombre, y cómo, llegar a la convicción de que Dios verdaderamente existe?

RESPUESTA

Su pregunta se refiere, a fin de cuentas, a la *distinción pascaliana* entre el Absoluto, es decir, el *Dios de los filósofos* (los *libertins* racionalistas), y el *Dios de Jesucristo* y, antes, el Dios de los patriarcas, desde Abraham a Moisés. *Solamente este segundo es el Dios vivo.* El primero es fruto del pensamiento humano, de la especulación humana, que, sin embargo, está en condiciones de poder decir algo válido sobre Él, como la Constitución conciliar sobre la Divina Revelación, la *Dei Verbum*, ha recordado (n. 3). Todos los argumentos racionales, a fin de cuentas, siguen el camino indicado por el *Libro de la Sabiduría* y por la *Carta a los Romanos*: van del mundo visible al Absoluto invisible.

Por esa misma vía proceden de modo distinto Aristóteles y Platón. *La tradición cristiana anterior a Tomás de Aquino,* y por tanto también Agustín, estuvo primero ligada a Platón, del cual, sin embargo, se distanció, y justamente: para los cristianos el Absoluto filosófico, considerado como Primer Ser o como Supremo Bien, no revestía mucho significado. ¿Para qué entrar en las especulaciones filosóficas sobre Dios –se preguntaban– si el Dios vivo había hablado, no solamente por medio de los profetas, sino también por medio de su propio Hijo? *La teología de los Padres*, especialmente en Oriente, se distancia cada vez más de Platón y, en general, de los filósofos. La misma filosofía, en el cristianismo del Oriente europeo, acaba por resolverse en una teología (así por ejemplo, en los tiempos modernos, con Vladimir Soloviev).

Santo Tomás, en cambio, no abandona la vía de los filósofos. Inicia la *Summa Theologiae* con la pregunta: *An Deus sit?*, («¿Dios existe?», cfr. I, q. 2, a. 3). La misma pregunta que usted me hace. Esa pregunta ha demostrado ser muy útil. No solamente ha creado la teodicea, sino que toda la civilización occidental, que es considerada como la más desarrollada, *ha seguido acorde con esta pregunta*. Y si hoy la *Summa Theologiae*, por desgracia, se ha dejado un poco de lado, su pregunta inicial sigue en pie, y continúa resonando en nuestra civilización.

Llegados a este punto, hay que citar un párrafo completo de la *Gaudium et Spes* del Concilio Vaticano II: «Realmente, los desequilibrios que sufre el mundo moderno están ligados a ese otro desequilibrio fundamental que hunde sus raíces en el corazón humano. Son muchos los elementos que combaten en el propio interior del hombre. Por una parte, como criatura, el hombre experimenta múltiples limitaciones; por otra, se siente, sin embargo, ilimitado en sus deseos y llamado a una vida superior. Atraído por muchos otros deseos, tiene que elegir alguno y renunciar a otros. Además, como enfermo y pecador, no raramente hace lo que no quiere, y deja de hacer lo que quería llevar a cabo. Por ello sufre en sí mismo una división, de la que provienen tantas y tan graves discordias en la sociedad. [...]. A pesar de eso, ante la actual evolución del mundo, *son cada día más numerosos los que se plantean o los que acometen con nueva penetración las cuestiones más fundamentales: ¿Qué es el hombre?* ¿Cuál es el sentido del dolor, del mal, de la muerte, que, a pesar de tantos progresos, todavía subsisten? ¿Qué valen estas conquistas logradas a tan alto precio? ¿Qué aporta el hombre a la sociedad, y qué puede esperarse de ella? ¿Qué habrá después de esta vida? Esto: la Iglesia cree que Cristo, muerto y resucitado por todos, da siempre al hombre, mediante su Espíritu, luz y fuerza para responder a su máxima vocación; y que no ha sido dado en la tierra otro nombre a los hombres por el que puedan salvarse. Cree igualmente que *la clave, el centro y el fin del hombre y de toda la historia humana se encuentran en su Señor y Maestro*» (*GS* 10).

Este pasaje conciliar tiene una riqueza inmensa. Se advierte claramente que *la respuesta a la pregunta* An Deus sit? *no es sólo una cuestión que afecte al intelecto; es, al mismo tiempo, una cuestión que abarca toda la existencia humana.* Depende de múltiples situaciones en las que el hombre busca el significado y el sentido de la propia existencia. El interrogante sobre la existencia de Dios está íntimamente unido *a la finalidad de la existencia humana.* No es solamente una cuestión del intelecto, sino también una cuestión de la voluntad del hombre, más aún, es *una cuestión del corazón humano* (las *raisons du cœur* de Blas Pascal). Pienso que es injusto considerar que la postura de santo Tomás se agote en el solo ámbito racional. Hay que dar la razón, es verdad, a Étienne Gilson cuando dice con Tomás que el intelecto es la creación más maravillosa de Dios; pero eso no significa en absoluto ceder a un racionalismo unilateral. Tomás es el esclarecedor de toda la riqueza y complejidad de todo ser creado, y especialmente del ser humano. No es justo que su pensamiento se haya arrinconado en este período posconciliar; él, realmente, no ha dejado de ser *el maestro del universalismo filosófico y teológico.* En este contexto deben ser leídas sus *quinque viae,* es decir, las cinco vías que llevan a responder a la pregunta: *An Deus sit?*

5

«PRUEBAS», PERO ¿TODAVÍA SON VÁLIDAS?

PREGUNTA

Permítame una pequeña pausa. No discuto, es obvio, sobre la validez filosófica, teorética, de todo lo que acaba de exponer; pero ¿esta manera de argumentar tiene todavía un significado concreto para el hombre de hoy? ¿Tiene sentido que se pregunte sobre Dios, Su existencia, Su esencia?

RESPUESTA

Diría que hoy más que nunca; por supuesto, más que en otras épocas, incluso recientes. La *mentalidad positivista*, que se desarrolló con mucha fuerza entre los siglos XIX y XX, hoy *va, en cierto sentido, de retirada*. El hombre contemporáneo está redescubriendo lo *sacrum*, si bien no siempre sabe llamarlo por su nombre.

El positivismo no fue solamente una filosofía, ni sólo una metodología; fue una de esas *escuelas de la sospecha* que la época moderna ha visto florecer y prosperar. ¿El hombre es realmente capaz de conocer algo más de lo que ven sus ojos u oyen sus oídos? ¿Existe otra ciencia además del saber rigurosamente empírico? ¿La capacidad de la razón humana está totalmente sometida a los sentidos, e interiormente dirigida por las leyes de la matemática, que han demostrado ser particularmente útiles para ordenar los fenómenos de manera racional, además de para orientar los procesos del progreso técnico?

Si se entra en la óptica positivista, conceptos como por ejemplo *Dios* o *alma* resultan sencillamente carentes de sentido. Nada corresponde a esos conceptos en el ámbito de la experiencia sensorial.

Esta óptica, al menos en algunos campos, es la que está actualmente en retirada. Se puede constatar esto incluso comparando entre sí las primeras y las sucesivas obras de Ludwig Wittgenstein, el filósofo austriaco de la primera mitad de nuestro siglo.

Nadie, por otra parte, se sorprende por el hecho de que el conocimiento humano sea, inicialmente, un conocimiento sensorial. Ningún clásico de la filosofía, ni Platón ni Aristóteles, lo ponía en duda. El realismo cognoscitivo, tanto el llamado realismo ingenuo como el realismo crítico, afirma unánimemente que *nihil est in intellectu, quod prius non fuerit in sensu* («nada está en el intelecto que no haya estado antes en el sentido»). Sin embargo, *los límites de tal* sensus *no son exclusivamente sensoriales.* Sabemos, efectivamente, que el hombre conoce no sólo los colores, los sonidos o las formas, sino que conoce los objetos *globalmente*; por ejemplo, no conoce sólo un conjunto de cualidades referentes al objeto «hombre», sino que también conoce al hombre en sí mismo (sí, al hombre como persona). Conoce, por tanto, *verdades extrasensoriales* o, en otras palabras, *transempíricas*. No se puede tampoco afirmar que lo que es transempírico deje de ser empírico.

De este modo, puede hablarse con todo fundamento de *experiencia humana*, de *experiencia moral*, o bien de *experiencia religiosa*. Y si es posible hablar de tales experiencias, es difícil negar que, en la órbita de las experiencias humanas, se encuentren asimismo el bien y el mal, se encuentren la verdad y la belleza, se encuentre también

Dios. En Sí mismo, Dios ciertamente no es objeto empírico, no cae bajo la experiencia sensible humana; es lo que, a su modo, subraya la misma Sagrada Escritura: «a Dios nadie lo ha visto nunca ni lo puede ver» (cfr. *Juan* 1,18). Si Dios es objeto de conocimiento, lo es –como enseñan concordemente el *Libro de la Sabiduría* y la *Carta a los Romanos*– sobre la base de la experiencia que el hombre tiene, sea del mundo visible sea del mundo interior. Por aquí, por la experiencia ética, se adentra Emmanuel Kant, abandonando la antigua vía de los libros bíblicos mencionados y de santo Tomás de Aquino. El hombre se reconoce a sí mismo como un *ser ético*, capaz de actuar según los criterios del bien y del mal, y no solamente según la utilidad y el placer. Se reconoce también a sí mismo como un *ser religioso*, capaz de ponerse en contacto con Dios. La oración –de la que se ha hablado anteriormente– es, en cierto sentido, la primera prueba de esta realidad.

El pensamiento contemporáneo, al alejarse de las convicciones positivistas, ha hecho notables avances en el descubrimiento, cada vez más completo, del hombre, al reconocer, entre otras cosas, el valor del lenguaje metafórico y simbólico. La hermenéutica contemporánea –tal como se encuentra, por ejemplo, en las obras de Paul Ricoeur o, de otro modo, en las de Emmanuel Lévinas– nos muestra desde nuevas perspectivas la verdad del mundo y del hombre.

En la misma medida que el positivismo nos aleja de esta comprensión más completa, y, en cierto sentido, nos excluye de ella, la hermenéutica, que ahonda en el significado del lenguaje simbólico, nos permite reencontrarla e incluso, en cierto modo, profundizar en ella. Esto está dicho, obviamente, sin querer negar en absoluto la capacidad de la razón para proponer enunciados conceptuales verdaderos sobre Dios y sobre las verdades de fe.

Por eso, para el pensamiento contemporáneo es tan importante la *filosofía de la religión*; por ejemplo, la de Mircea Eliade y, entre nosotros, en Polonia, la del arzobispo Marian Jaworski y la de la escuela de Lublin. *Somos testigos de un significativo retorno a la metafísica (filosofía del ser) a través de una antropología integral.* No se puede pensar adecuadamente sobre el hombre sin hacer referencia, constitutiva para él, a Dios. Y lo que santo Tomás definía como *actus essendi* con el lenguaje de la *filosofía de la existencia*, la filosofía de la religión lo expresa con las categorías de la *experiencia antropológica*.

A esta experiencia han contribuido mucho los *filósofos del diálogo*, como Martin Buber o el ya citado Lévinas. Y nos encontramos ya muy cerca de santo Tomás, pero el camino pasa no tanto a través del ser y de la existencia como a través de las personas y de su relación mutua, a través del «yo» y el «tú». *Ésta es una dimensión fundamental de la existencia del hombre, que es siempre una coexistencia.*

¿Dónde han aprendido esto los filósofos del diálogo? Lo han aprendido en primer lugar de la experiencia de la Biblia. La vida humana entera es un «coexistir» en la *dimensión cotidiana* –«tú» y «yo»– y también en la *dimensión absoluta y definitiva: «yo» y «TÚ».* La tradición bíblica gira entorno a este TÚ, que en primer lugar es el Dios de Abraham, Isaac y Jacob, el Dios de los Padres, y después el Dios de Jesucristo y de los apóstoles, el Dios de nuestra fe.

Nuestra fe es profundamente antropológica, está enraizada constitutivamente en la coexistencia, en la comunidad del pueblo de Dios, y *en la comunión con ese eterno TÚ*. Una coexistencia así es esencial para nuestra tradición judeocristiana, y proviene de la iniciativa del mismo Dios. Está en la línea de la Creación, de la que es su prolongación, y al mismo tiempo es –como enseña san Pablo– «la eterna elección del hombre en el Verbo que es el Hijo» (cfr. *Efesios* 1,4).

6

SI EXISTE,
¿POR QUÉ SE ESCONDE?

Pregunta

Dios, o sea, el Dios bíblico, existe. Pero entonces acaso sea comprensible la protesta de muchos, tanto de ayer como de hoy: ¿Por qué no se manifiesta más claramente? ¿Por qué no da pruebas tangibles y accesibles a todos de Su existencia? ¿Por qué Su misteriosa estrategia parece la de jugar a esconderse de Sus criaturas?

Existen razones para creer, de acuerdo; pero –como muestra la experiencia de la historia– hay también razones para dudar, e incluso para negar. ¿No sería más sencillo que Su existencia fuera evidente?

Respuesta

Pienso que las preguntas que usted plantea –y que, por otra parte, son las de tantos otros– no se refieren ni a santo Tomás ni a san Agustín, ni a toda la gran tradición judeocristiana. Me parece que apuntan más bien hacia otro terreno, *el puramente racionalista, que es propio de la filosofía moderna*, cuya historia se inicia con Descartes, quien, por así decirlo, desgajó el pensar del existir y lo identificó con la razón misma: *Cogito, ergo sum* («Pienso, luego existo»).

¡Qué distinta es la postura de santo Tomás, para quien no es *el pensamiento el que decide la existencia, sino que es la existencia, el* esse, *lo que decide el pensar!* Pienso del modo que pienso porque soy el que soy –es decir, una criatura– y porque Él es El que es, es decir, el *absoluto Miste-*

rio increado. Si Él no fuese Misterio, no habría necesidad de la Revelación o, mejor, hablando de modo más riguroso, de la *autorrevelación de Dios*.

Si el hombre, con su intelecto creado y con las limitaciones de la propia subjetividad, pudiese superar la distancia que separa la creación del Creador, el ser contingente y no necesario del Ser necesario («el que no es» –según la conocida expresión dirigida por Cristo a santa Catalina de Siena– de «Aquel que es» cfr. Raimundo de Capua, *Legenda maior*, I,10,92), sólo entonces sus preguntas estarían fundadas.

Los pensamientos que le inquietan, y que aparecen en sus libros, están expresados por una serie de preguntas que no son solamente suyas; usted quiere erigirse en portavoz de los hombres de nuestra época, poniéndose a su lado en los caminos –a veces difíciles e intrincados, a veces aparentemente sin salida– de la búsqueda de Dios. Su inquietud se expresa en la pregunta: *¿Por qué no hay pruebas más seguras de la existencia de Dios? ¿Por qué Él parece esconderse, como si jugara con Su criatura? ¿No debería ser todo mucho más sencillo? ¿Su existencia no debería ser algo evidente?* Son preguntas que pertenecen al repertorio del *agnosticismo contemporáneo*. El agnosticismo no es ateísmo, no es un ateísmo programático, como lo eran el ateísmo marxista y, en otro contexto, el ateísmo de la época del iluminismo.

Con todo, sus preguntas contienen *formulaciones en las que resuenan el Antiguo y el Nuevo Testamento*. Cuando usted habla del Dios que se esconde, usa casi el mismo lenguaje de Moisés, que deseaba ver a Dios cara a cara, pero no pudo ver más que «sus espaldas» (cfr. *Éxodo* 33,23). ¿No está aquí indicado el conocimiento a través de la Creación?

Cuando después habla de «juego», me hace recordar las

palabras del *Libro de los Proverbios*, que presenta la Sabiduría ocupada en «recrearse con los hijos de los hombres por el orbe de la tierra» (cfr. *Proverbios* 8,31). ¿No significa esto que la Sabiduría de Dios se da a las criaturas pero, al mismo tiempo, no desvela del todo Su misterio?

La autorrevelación de Dios se actualiza en concreto en Su «humanizarse». De nuevo la gran tentación es la de hacer, según palabras de Ludwig Feuerbach, la clásica reducción de lo que es divino a lo que es humano. Las palabras son de Feuerbach, de quien toma orientación el ateísmo marxista, pero –*ut minus sapiens* («voy a decir una locura», cfr. 2 *Corintios* 11,23)– *la provocación proviene de Dios mismo*, puesto que Él realmente se ha hecho hombre en Su Hijo y ha nacido de la Virgen. Precisamente en este Nacimiento, y luego a través de la Pasión, la Cruz y la Resurrección, la autorrevelación de Dios en la historia del hombre alcanza su cenit: la revelación del Dios invisible en la visible humanidad de Cristo.

Aun el día antes de la Pasión, los apóstoles preguntaban a Cristo: «Muéstranos al Padre» (*Juan* 14,8). Su respuesta sigue siendo una respuesta clave: «¿Cómo podéis decir: Muéstranos al Padre? ¿No creéis que yo estoy en el Padre y el Padre en mí? [...] Si no, creed por las obras mismas. Yo y el Padre somos una sola cosa» (cfr. *Juan* 14,9-11 y 10,30).

Las palabras de Cristo van muy lejos. Tenemos casi que habérnoslas con *aquella experiencia directa* a la que aspira el hombre contemporáneo. Pero esta inmediatez no es el conocimiento de Dios «cara a cara» (1 *Corintios* 13,12), no es el conocimiento de Dios como Dios.

Intentemos ser imparciales en nuestro razonamiento: *¿Podía Dios ir más allá en Su condescendencia, en Su acercamiento al hombre*, conforme a sus posibilidades cognoscitivas? Verdaderamente, *parece que haya ido todo lo lejos* *que era posible. Más allá no podía ir.* En cierto sentido, ¡Dios ha ido demasiado lejos! ¿Cristo no fue acaso «escándalo para los judíos, y necedad para los paganos»? (1 *Corintios* 1,23). Precisamente porque llamaba a Dios Padre suyo, porque lo manifestaba tan abiertamente en Sí mismo, no podía dejar de causar la impresión de que era demasiado... El hombre ya no estaba en condiciones de soportar tal cercanía, y comenzaron las protestas.

Esta gran protesta tiene nombres concretos: primero se llama Sinagoga, y después Islam. Ninguno de los dos puede aceptar un Dios así de humano. «Esto no conviene a Dios –protestan–. Debe permanecer absolutamente trascendente, debe permanecer como pura Majestad. Por supuesto, Majestad llena de misericordia, pero no hasta el punto de pagar las culpas de la propia criatura, sus pecados.»

Desde una cierta óptica es justo decir que Dios se ha desvelado al hombre incluso demasiado en lo que tiene de más divino, en lo que es Su vida íntima; se ha desvelado en el propio Misterio. No ha considerado el hecho de que tal *desvelamiento Lo habría en cierto modo oscurecido a los ojos del hombre, porque el hombre no es capaz de soportar el exceso de Misterio,* no quiere ser así invadido y superado. Sí, el hombre sabe que Dios es Aquel en el que «vivimos, nos movemos y existimos» (*Hechos de los Apóstoles* 17,28); pero ¿por qué eso ha tenido que ser confirmado por Su Muerte y Resurrección? Sin embargo, san Pablo escribe: «Pero si Cristo no ha resucitado, entonces es vana nuestra predicación y es vana también nuestra fe» (1 *Corintios* 15,14).

7

JESÚS-DIOS:
¿NO ES UNA PRETENSIÓN EXCESIVA?

Pregunta

Del «problema» de Dios pasemos directamente al «problema» de Jesús, como además Usted ya ha empezado a hacer.

¿Por qué Jesús no podría ser solamente un sabio, como Sócrates, o un profeta, como Mahoma, o un iluminado, como Buda? ¿Cómo mantener esa inaudita certeza de que este hebreo condenado a muerte en una oscura provincia es el Hijo de Dios, de la misma naturaleza que el Padre? Esta pretensión cristiana no tiene parangón, por su radicalidad, con ninguna otra creencia religiosa. San Pablo mismo la define como «escándalo y locura».

Respuesta

San Pablo está profundamente convencido de que Cristo *es absolutamente original, de que es único e irrepetible.* Si fuese solamente un sabio, como Sócrates, si fuese un «profeta», como Mahoma, si fuese un «iluminado», como Buda, no sería sin duda lo que es. Y es *el único mediador entre Dios y los hombres.*

Es Mediador por el hecho de ser Dios-hombre. Lleva en sí mismo todo el mundo íntimo de la divinidad, todo el Misterio trinitario y a la vez el misterio de la vida en el tiempo y en la inmortalidad. Es hombre verdadero. En Él lo divino no se confunde con lo humano. Sigue siendo algo esencialmente divino.

¡Pero Cristo, al mismo tiempo, es tan humano...! Gracias a esto *todo el mundo de los hombres, toda la historia de la humanidad encuentra en Él su expresión ante Dios*. Y no ante un Dios lejano, inalcanzable, sino ante un Dios que está en Él, más aún, que es Él mismo. Esto no existe en ninguna otra religión ni, mucho menos, en ninguna filosofía.

¡Cristo es irrepetible! No habla solamente, como *Mahoma*, promulgando principios de disciplina religiosa, a los que deben atenerse todos los adoradores de Dios. Cristo tampoco es simplemente un sabio en el sentido en que lo fue *Sócrates*, cuya libre aceptación de la muerte en nombre de la verdad tiene, sin embargo, rasgos que se asemejan al sacrificio de la Cruz.

Menos aún es semejante a *Buda*, con su negación de todo lo creado. Buda tiene razón cuando no ve la posibilidad de la salvación del hombre en la creación, pero se equivoca cuando por ese motivo niega a todo lo creado cualquier valor para el hombre. Cristo no hace esto ni puede hacerlo, porque es *testigo eterno del Padre y de ese amor que el Padre tiene por Su criatura desde el comienzo*. El Creador, desde el comienzo, ve un múltiple bien en lo creado, lo ve especialmente en el hombre formado a Su imagen y semejanza; ve ese bien, en cierto sentido, a través del Hijo encarnado. Lo ve como una tarea para Su Hijo y para todas las criaturas racionales. Esforzándonos hasta el límite de la visión divina, podremos decir que Dios ve este bien de modo especial a través de la Pasión y Muerte del Hijo.

Este bien será confirmado por la Resurrección que, realmente, es el principio de una creación nueva, del reencuentro en Dios de todo lo creado, del definitivo destino de todas las criaturas. Y tal destino se expresa en el hecho de que Dios será «todo en todos» (1 *Corintios* 15,28).

Cristo, desde el comienzo, está en el centro de la fe y de la vida de la Iglesia. Y también en el centro del Magisterio y de la teología. En cuanto al Magisterio, hay que referirse a todo el primer milenio, empezando por el primer Concilio de Nicea, siguiendo con los de Éfeso y Calcedonia, y luego hasta el segundo Concilio de Nicea, que es la consecuencia de los precedentes. Todos los concilios del primer milenio giran en torno al misterio de la Santísima Trinidad, comprendida la procesión del Espíritu Santo; pero *todos, en su raíz, son cristológicos.* Desde que Pedro confesó: «Tú eres Cristo, el Hijo de Dios vivo» (*Mateo* 16,16), Cristo está en el centro de la fe y de la vida de los cristianos, en el centro de su testimonio, que no pocas veces ha llegado hasta la efusión de sangre.

Gracias a esta fe, la Iglesia conoció una creciente expansión, a pesar de las persecuciones. La fe cristianizó progresivamente el mundo antiguo. Y si más tarde surgió la amenaza del arrianismo, la verdadera fe en Cristo, Dios-hombre, según la confesión de Pedro junto a Cesarea de Filipo, no dejó de ser el centro de la vida, del testimonio, del culto y de la liturgia. *Se podría hablar de una concentración cristológica del cristianismo, que se produjo ya desde el inicio.*

Esto se refiere en primer lugar a la fe y se refiere a la tradición viva de la Iglesia. Una expresión peculiar suya tanto en el culto mariano como en la mariología es: «Fue concebido del Espíritu Santo, nació de María Virgen» (*Credo*). *La marianidad y la mariología de la Iglesia no son más que otro aspecto de la citada concentración cristológica.*

Sí, no hay que cansarse de repetirlo. A pesar de algunos aspectos convergentes, Cristo no se parece ni a Mahoma ni a Sócrates ni a Buda. *Es del todo original e irrepetible.* La originalidad de Cristo, señalada en las palabras pronunciadas por Pedro junto a Cesarea de Filipo, constituye el centro de la fe de la Iglesia expresada en el Símbolo: *«Yo creo* en Dios, Padre Omnipotente, Creador del cielo y de la tierra; y *en Jesucristo, Su único Hijo, nuestro Señor, el cual fue concebido del Espíritu Santo, nació de María Virgen*, padeció bajo Poncio Pilato, fue crucificado, muerto y sepultado; descendió a los infiernos; el tercer día resucitó de la muerte; subió al Cielo, se sentó a la derecha de Dios Padre Omnipotente.»

Este llamado Símbolo apostólico es la expresión de la fe de Pedro y de toda la Iglesia. Desde el siglo IV entrará en el uso catequético y litúrgico el *Símbolo niceno-constantinopolitano*, que amplía su enseñanza. La amplía como consecuencia del creciente conocimiento que la Iglesia alcanza, al penetrar progresivamente en la cultura helénica y al advertir, por tanto, con mayor claridad la necesidad de los planteamientos doctrinales adecuados y convincentes para aquel mundo.

En Nicea y en Constantinopla se definió, pues, que Jesucristo es «el Hijo unigénito del eterno Padre, engendrado y no creado, de Su misma sustancia, por medio del cual todas las cosas han sido creadas».

Estas formulaciones no son simplemente fruto del helenismo; *provienen directamente del patrimonio apostólico*. Si queremos buscar su *fuente*, la encontramos *en primer lugar en Pablo y en Juan*.

La cristología de Pablo es extraordinariamente rica. Su punto de partida se debe al acontecimiento sucedido en las puertas de Damasco. En aquella circunstancia, el joven fariseo fue herido con la ceguera, pero, al mismo tiempo, con los ojos del alma vio toda la verdad sobre Cristo resucitado. Esta verdad es la que él expresó luego en sus Cartas.

Las palabras de la profesión de fe de Nicea no son sino el reflejo de la doctrina de Pablo. En ellas se recoge, además, también la herencia de Juan, en particular la herencia contenida en el Prólogo (cfr. *Juan* 1,1-18), pero no sólo ahí: todo su Evangelio, además de sus Cartas, es un testimonio de la Palabra de Vida, de «lo que hemos oído, lo que hemos visto con nuestros ojos [...], lo que tocaron nuestras manos» (1 *Juan* 1,1).

Bajo cierto aspecto, Juan tiene mayores títulos que Pablo

para ser calificado como testigo, a pesar de que el testimonio de Pablo siga siendo particularmente impresionante. *Es importante esta comparación entre Pablo y Juan.* Juan escribe más tarde, Pablo antes; por tanto, es sobre todo en Pablo donde se encuentran las primeras expresiones de la fe.

Y no sólo en Pablo, sino *también en Lucas*, que era seguidor de Pablo. En Lucas encontramos la frase que podría ser considerada como un *puente entre Pablo y Juan.* Me refiero a las palabras que Cristo pronunció –como anota el Evangelista– «exultando en el Espíritu Santo» (cfr. *Lucas* 10,21): «Yo te alabo, Padre, Señor del cielo y de la tierra, porque has escondido estas cosas a los doctos y a los sabios y las has revelado a los pequeños. [...] Nadie conoce quién es el Hijo sino el Padre, ni quién es el Padre sino el Hijo y aquel a quien el Hijo quiera revelarlo» (*Lucas* 10,21-22). Lucas dice aquí lo mismo que Mateo pone en labios de Jesús cuando se dirige a Pedro: «Ni la carne ni la sangre te lo han revelado, sino mi Padre que está en los cielos» (*Mateo* 16,17). Pero cuanto afirma Lucas encuentra también una precisa correspondencia en las palabras del Prólogo de Juan: «A Dios nadie lo ha visto jamás; el Hijo Unigénito, el que está en el seno del Padre, Él lo ha revelado» (*Juan* 1,18).

Esta verdad evangélica, por otra parte, se repite en tantos otros pasajes joánicos, que es difícil en este momento recordarlos. *La cristología del Nuevo Testamento es «rompedora».* Los Padres, la gran escolástica, la teología de los siguientes siglos *no han hecho más que volver, con admiración siempre renovada, al patrimonio recibido*, para encauzar y progresivamente desarrollar su investigación.

Usted recuerda que mi primera Encíclica sobre el Redentor del hombre (*Redemptor hominis*) apareció algunos meses después de mi elección, el 16 de octubre de 1978. Esto quiere decir que en realidad llevaba *conmigo* su contenido. Tuve solamente, en cierto modo, que «copiar» con la memoria y con la experiencia lo que ya vivía estando aún en el umbral de mi pontificado.

Lo subrayo porque la Encíclica constituye la confirmación, por un lado, de la *tradición de las escuelas* de las que provengo y, por otro, del *estilo pastoral* al que esa tradición se refiere. El Misterio de la Redención está visto con los ojos de la gran renovación del hombre y de todo lo que es humano, propuesto por el Concilio, especialmente en la *Gaudium et Spes*. La Encíclica quiere ser *un gran himno de alegría por el hecho de que el hombre ha sido redimido por Cristo*; redimido en el alma y en el cuerpo. Esta redención del cuerpo encontró luego una nueva expresión en la serie de catequesis de los miércoles: *«Macho y hembra los creó»*; sería mejor decir: «Macho y hembra los redimió.»

8

LA LLAMAN
«HISTORIA DE LA SALVACIÓN»

PREGUNTA

Aprovechando la cordial libertad que ha querido concederme, permítame continuar exponiéndoLe preguntas que, aunque puedan parecerLe peculiares, quizá expongo, como Usted mismo ha observado, en nombre de no pocos de nuestros contemporáneos, quienes, ante el anuncio evangélico propuesto por la Iglesia, parecen cuestionarse: ¿Por qué esta «historia de la salvación», como la llaman los cristianos, se presenta de una manera tan complicada? ¿Para perdonarnos, para salvarnos, un Dios-Padre tenía de verdad necesidad del sacrificio cruento de su propio Hijo?

RESPUESTA

Su pregunta concerniente a la *historia de la salvación* toca lo que es el significado más profundo de la salvación redentora. Comencemos echando una mirada a la *historia del pensamiento europeo después de Descartes.* ¿Por qué pongo también aquí en primer plano a Descartes? No sólo porque él marca el comienzo de una nueva época en la historia del pensamiento europeo, sino también porque este filósofo, que ciertamente está entre los más grandes que Francia ha dado al mundo, inaugura el *gran giro antropocéntrico en la filosofía.* «Pienso, luego existo», como recordamos antes, es el lema del racionalismo moderno.

Todo el racionalismo de los últimos siglos –tanto en su expresión anglosajona como en la continental con el kantismo, el hegelianismo y la filosofía alemana de los siglos XIX y XX hasta Husserl y Heidegger– puede considerarse una continuación y un desarrollo de las posiciones cartesianas. El autor de *Meditationes de prima philosophia*, con su prueba ontológica, *nos alejó de la filosofía de la existencia*, y también de las tradicionales vías de santo Tomás. Tales vías llevan a Dios, «existencia autónoma», *Ipsum esse subsistens* («el mismo Ser subsistente»). Descartes, con la absolutización de la conciencia subjetiva, lleva más bien hacia la *pura conciencia del Absoluto*, que es el *puro pensar*; un tal Absoluto no es la *existencia autónoma*, sino en cierto modo el *pensar autónomo*: solamente tiene sentido lo que se refiere al pensamiento humano; no importa tanto la verdad objetiva de este pensamiento como el hecho mismo de que algo esté presente en el conocimiento humano.

Nos encontramos en el umbral del *inmanentismo y del subjetivismo modernos*. Descartes representa el inicio del desarrollo tanto de las ciencias exactas y naturales como de las ciencias humanas según esta nueva expresión. Con él se da la espalda a la metafísica y se centra el foco de interés en la filosofía del conocimiento. Kant es el más grande representante de esta corriente.

Si no es posible achacar al padre del racionalismo moderno el alejamiento del cristianismo, es difícil no reconocer que él creó el clima en el que, en la época moderna, tal alejamiento pudo realizarse. No se realizó de modo inmediato, pero sí gradualmente.

En efecto, unos ciento cincuenta años después de Descartes, comprobamos cómo lo que era *esencialmente cristiano* en la tradición del pensamiento europeo, *se ha puesto ya entre paréntesis*. Estamos en los tiempos en que en Francia el protagonista es el iluminismo, una doctrina con la que se lleva a cabo la *definitiva afirmación del puro racionalismo*. La Revolución francesa, durante el Terror, derribó los altares dedicados a Cristo, derribó los crucifijos de los caminos, y en su lugar introdujo el culto a la diosa Razón, sobre cuya base fueron proclamadas *la libertad, la igualdad y la fraternidad*. De este modo, el patrimonio espiritual, y en concreto el moral, del cristianismo fue arrancado de su fundamento evangélico, al que es necesario devolverlo para que reencuentre su plena vitalidad.

Sin embargo, el proceso de alejamiento del Dios de los Padres, del Dios de Jesucristo, del Evangelio y de la Eucaristía no trajo consigo la ruptura con un Dios existente más allá del mundo. De hecho, *el Dios de los deístas estuvo siempre presente*; quizá estuvo también presente en los enciclopedistas franceses, en las obras de Voltaire y de Jean-Jacques Rousseau, aún más en los *Philosophiae naturalis principia mathematica* de Isaac Newton, que marcan el inicio de la física moderna.

Este Dios, sin embargo, es decididamente *un Dios fuera del mundo*. Un Dios presente en el mundo aparecía como inútil a una mentalidad formada sobre el conocimiento naturalista del mundo; igualmente, un Dios operante en el hombre resultaba inútil para el conocimiento moderno, para la moderna ciencia del hombre, del que examina sus mecanismos conscientes y subconscientes. *El racionalismo iluminista puso entre paréntesis al verdadero Dios y, en particular, al Dios Redentor.*

¿Qué consecuencias trajo esto? *Que el hombre tenía que vivir dejándose guiar exclusivamente por la propia razón, como si Dios no existiese*. No sólo había que prescindir de Dios en el conocimiento objetivo del mundo –debido a que la premisa de la existencia del Creador o de la Providencia no servía para nada a la ciencia–, sino que había que actuar como si Dios no existiese, es decir, como si Dios no se interesase por el mundo. *El racionalismo iluminista podía aceptar un Dios fuera del mundo, sobre todo porque ésta era una hipótesis no comprobable. Era imprescindible, sin embargo, que a ese Dios se le colocara fuera del mundo.*

9

UNA «HISTORIA» QUE SE CONCRETA

Pregunta

Le sigo con atención en este planteamiento filosófico; pero ¿de qué modo se une eso a la pregunta que le he formulado sobre la «historia de la salvación»?

Respuesta

Precisamente ahí quiero llegar. Con tal modo de pensar y de actuar, el racionalismo iluminista ataca en su mismo corazón a toda la *soteriología cristiana*, que es la reflexión teológica sobre salvación (*sotería*, en griego), sobre redención. «Dios amó tanto al mundo que le entregó a Su Hijo unigénito para que todo el que cree en él no muera, sino que tenga la vida eterna» (*Juan* 3,16). Cada palabra de esta respuesta de Cristo en la conversación con Nicodemo supone una especie de manzana de discordia para una *forma mentis* surgida de las premisas del iluminismo, no sólo del francés sino también del inglés y del alemán.

Volvamos a tomar ahora, directamente, el hilo de su pregunta y analicemos las palabras de Cristo en el Evangelio de san Juan, para comprender en qué puntos nos encontramos en desacuerdo con esa *forma mentis*. Usted, obviamente, también aquí se hace portavoz de los hombres de hoy. Por eso pregunta: «¿Por qué la historia de la salvación es tan complicada?»

¡En realidad tenemos que decir que es *muy sencilla*! Podemos demostrar de una manera muy directa su profunda sencillez partiendo de las palabras que Jesucristo dirige a Nicodemo.

Ésta es la primera afirmación: *«Dios ha amado al mundo.»* Para la mentalidad iluminista, el mundo no necesita del amor de Dios. *El mundo es autosuficiente*, y Dios, a su vez, no es en primer lugar amor; es en todo caso intelecto, intelecto que eternamente conoce. Nadie tiene necesidad de Su intervención en este mundo, que existe, es autosuficiente, transparente al conocimiento humano, que gracias a la investigación científica está cada vez más libre de misterios, cada vez más sometido por el hombre como recurso inagotable de materias primas, a este *hombre demiurgo* de la técnica moderna. *Es este mundo el que tiene que dar la felicidad al hombre.*

Cristo, en cambio, dice a Nicodemo que «Dios amó tanto al mundo que le entregó a su Hijo unigénito para que el hombre no muera» (cfr. *Juan* 3,16). De este modo Jesús da a entender que el mundo no es la fuente de la definitiva felicidad del hombre. Es más, puede convertirse en fuente de su perdición. Este mundo, que aparece como un gran taller de conocimientos elaborados por el hombre, como progreso y civilización, este mundo, que se presenta como moderno sistema de medios de comunicación, como el ordenamiento de las libertades democráticas sin limitación alguna, este mundo no es capaz, sin embargo, de hacer al hombre feliz.

Cuando Cristo habla del amor que el Padre siente por el mundo, no hace sino traer el eco de aquella inicial afirmación del *Libro del Génesis*, que acompaña a la descripción de la Creación: «Dios vio que era bueno [...], que era muy bueno» (*Génesis* 1, 12 y 31). Pero tal afirmación no supone nunca una *absolutización salvífica*. El mundo no es capaz de hacer al hombre feliz. No es capaz de salvarlo del mal en todas sus especies y formas: enfermedades, epidemias, cataclismos, catástrofes y otros males semejantes. Este mismo mundo, con sus riquezas y sus carencias, necesita ser salvado, ser redimido.

El mundo no es capaz de liberar al hombre del sufrimiento, en concreto, no es capaz de liberarlo de la muerte. *El mundo entero está sometido a la «precariedad»*, como dice Pablo en la *Carta a los Romanos*; está sometido a la corrupción y a la mortalidad. En su dimensión corpórea lo está también el hombre. La inmortalidad no pertenece a este mundo; exclusivamente puede venirle de Dios. Por eso Cristo habla del amor de Dios que se expresa en esa invitación del Hijo unigénito, para que el hombre «no muera, sino que tenga la vida eterna» (*Juan* 3,16). *La vida eterna puede ser dada al hombre solamente por Dios, sólo puede ser don Suyo.* No puede ser dada al hombre por el mundo creado; la creación –y el hombre con ella– ha sido sometida a la «caducidad» (cfr. *Romanos* 8,20).

«El Hijo del hombre no ha venido al mundo para juzgarlo, sino para salvarlo» (cfr. *Juan* 3,17). El mundo que el Hijo del hombre encontró cuando se hizo hombre merecía condenación, y eso era *debido al pecado* que había dominado toda la historia, comenzando por la caída de nuestros progenitores. Pero éste es otro de los puntos que el pensamiento pos-iluminista rechaza absolutamente. *No acepta la realidad del pecado y, en particular, no acepta el pecado original.*

Cuando, durante mi última visita a Polonia, elegí como tema de las homilías el Decálogo y el mandamiento del amor, a todos los polacos seguidores del «programa iluminista» les pareció mal. El Papa que intenta convencer al mundo del pecado humano, se convierte, por culpa de esa mentalidad, en una *persona desagradable*. Objeciones de este tipo chocan contra lo que san Juan expresa con las palabras de Cristo, que anunciaba la venida del Espíritu Santo, el cual *«convencerá al mundo del pecado»* (*Juan* 16,8). ¿Qué otra cosa puede hacer la Iglesia? Pero convencer del pecado no equivale a condenar. «El Hijo del hombre no ha venido al mundo para condenarlo, sino para salvarlo.» *Convencer del pecado quiere decir crear las condiciones para la salvación.* La primera condición de la salvación es el conocimiento de la propia pecaminosidad, también de la hereditaria; es luego la confesión ante Dios, que no espera más que recibir esta confesión para salvar al hombre. *Salvar, abrazar y consolar con amor redentor*, con amor que *siempre es más grande* que cualquier pecado. La parábola del hijo pródigo sigue siendo a este propósito un paradigma insuperable.

Como ve, la historia de la salvación es algo *muy sencillo*. Y es una historia que se desarrolla dentro de la historia de la humanidad, comenzando desde el primer Adán, a través de la revelación del segundo Adán, Jesucristo (cfr. 1 *Corintios* 15,45), hasta el definitivo cumplimiento de la historia del mundo en Dios, cuando Él sea «todo en todos» (1 *Corintios* 15,28).

Al mismo tiempo, esta historia tiene la *dimensión de la vida de cada hombre*. En un cierto sentido, está contenida por entero en la parábola del hijo pródigo, o en las palabras que Cristo dirigió a la adúltera: «Yo tampoco te condeno; vete y de ahora en adelante no peques más» (*Juan* 8,11).

La historia de la salvación se sintetiza en la fundamental constatación de una gran intervención de Dios en la historia del hombre. Tal intervención alcanza su culminación en el Misterio pascual –la Pasión, Muerte, Resurrección y Ascensión al Cielo de Jesús–, completado por el Pentecostés, con la bajada del Espíritu Santo sobre los apóstoles. Esta historia, a la vez que revela la voluntad salvífica de Dios, revela también la *misión de la Iglesia*. Es la historia de todos los hombres y de toda la familia humana, al comienzo creada y luego recreada en Cristo y en la Iglesia. San Agustín tuvo una profunda intuición de esta historia cuando escribió el *De civitate Dei*. Pero no ha sido el único.

La historia de la salvación ofrece siempre nueva inspiración para interpretar la historia de la humanidad. Por eso, numerosos pensadores e historiadores contemporáneos se interesan también por la historia de la salvación. Propone realmente el tema más apasionante. Todos los interrogantes que el Concilio Vaticano II se planteó se reducen, en definitiva, a este tema.

La historia de la salvación no se plantea sólo la cuestión de la historia del hombre, sino que afronta también el *problema del sentido de su existencia.* Por eso es, al mismo tiempo, *historia y metafísica.* Es más, se podría decir que es la forma de teología *más integral*, la teología de todos los encuentros entre Dios y el mundo. La *Gaudium et Spes* no es otra cosa que una actualización de este gran tema.

10

DIOS ES AMOR. ENTONCES, ¿POR QUÉ HAY TANTO MAL?

PREGUNTA

Grandes perspectivas éstas, fascinantes, y que para los creyentes serán además confirmación de su esperanza. Sin embargo, no podemos ignorar que en todos los siglos, a la hora de la prueba, también los cristianos se han hecho una pregunta que atormenta. ¿Cómo se puede seguir confiando en Dios, que se supone Padre misericordioso, en un Dios que –como revela el Nuevo Testamento y como Usted repite con pasión– es el Amor mismo, a la vista del sufrimiento, de la injusticia, de la enfermedad, de la muerte, que parecen dominar la gran historia del mundo y la pequeña historia cotidiana de cada uno de nosotros?

RESPUESTA

Stat crux dum volvitur orbis («la cruz permanecerá mientras el mundo gire»). Como he dicho antes, nos encontramos en el centro mismo de la historia de la salvación. Usted no podía naturalmente dejar de lado lo que es *fuente de tan frecuentes dudas,* no solamente ante la bondad de Dios, sino ante Su misma existencia. ¿Cómo ha podido Dios permitir tantas guerras, los campos de concentración, el holocausto?

¿El Dios que permite todo esto es todavía de verdad Amor, como proclama san Juan en su *Primera Carta*? Más aún, ¿es acaso justo con Su creación? ¿No carga en exceso la espalda de cada uno de los hombres? ¿No deja al hombre solo con este peso, condenándolo a una vida sin esperanza? Tantos enfermos incurables en los hospitales, tantos niños disminuidos, tantas vidas humanas a quienes les es totalmente negada la felicidad humana corriente sobre la tierra, la felicidad que proviene del amor, del matrimonio, de la familia. Todo esto junto crea un cuadro sombrío, que ha encontrado su expresión en la literatura antigua y moderna. Baste recordar a Fiodor Dostoievski, Franz Kafka o Albert Camus.

Dios ha creado al hombre racional y libre y, por eso mismo, se ha sometido a su juicio. *La historia de la salvación es también la historia del juicio constante del hombre sobre Dios.* No se trata sólo de interrogantes, de dudas, sino de un verdadero juicio. En parte, el veterotestamentario *Libro de Job* es el paradigma de este juicio. A eso se añade la intervención del espíritu maligno que, con perspicacia aún mayor, está dispuesto a juzgar no sólo al hombre, sino también la acción de Dios en la historia del hombre. Esto queda confirmado en el mismo *Libro de Job.*

Scandalum Crucis, el escándalo de la Cruz. En una de las preguntas precedentes planteó usted de modo preciso el problema: ¿Era necesario para la salvación del hombre que Dios entregase a Su Hijo a la muerte en la Cruz?

En el contexto de estas reflexiones es necesario preguntarse: ¿Podía ser de otro modo? ¿Podía Dios, digamos, *justificarse ante la historia del hombre*, tan llena de sufrimientos, de otro modo que no fuera poniendo en el centro de esa historia la misma Cruz de Cristo? Evidentemente, una respuesta podría ser que Dios no tiene necesidad de justificarse ante el hombre: es suficiente con que sea todopoderoso; desde esa perspectiva, todo lo que hace o permite debe ser aceptado. Ésta es la postura del bíblico Job. Pero Dios, que además de ser Omnipotencia, es Sabiduría y –repitámoslo una vez más– Amor, desea, por así decirlo, justificarse ante la historia del hombre. No es el Absoluto que está fuera del mundo, y al que por tanto le es indiferente el sufrimiento humano. Es el Emmanuel, el Dios-con-nosotros, un Dios que comparte la suerte del hombre y participa de su destino. Aquí se hace patente otra insuficiencia, precisamente la falsedad de aquella imagen de Dios que el iluminismo aceptó sin objeciones. Respecto al Evangelio, eso constituye un evidente paso atrás, no un paso en dirección a un mejor conocimiento de Dios y del mundo, sino un paso hacia su incomprensión.

¡No, absolutamente no! Dios no es solamente alguien que está fuera del mundo, feliz de ser en Sí mismo el más sabio y omnipotente. *Su sabiduría y omnipotencia se ponen, por libre elección, al servicio de la criatura.* Si en la historia humana está presente el sufrimiento, se entiende entonces por qué Su omnipotencia se manifestó *con la omnipotencia de la humillación mediante la Cruz.* El escándalo de la Cruz sigue siendo la clave para la interpretación del gran misterio del sufrimiento, que pertenece de modo tan integral a la historia del hombre.

En eso concuerdan incluso los críticos contemporáneos del cristianismo. Incluso ésos ven que Cristo crucificado es una *prueba de la solidaridad de Dios con el hombre que sufre.* Dios se pone de parte del hombre. Lo hace de manera radical: «Se humilló a sí mismo asumiendo la condición de siervo, haciéndose obediente hasta la muerte y muerte de cruz» (cfr. *Filipenses* 2,7-8). Todo está contenido en esto: todos los sufrimientos individuales y los sufrimientos colectivos, los causados por la fuerza de la naturaleza y los provocados por la libre voluntad humana, las guerras y los gulag y los holocaustos, el holocausto hebreo, pero también, por ejemplo, el holocausto de los esclavos negros de África.

11

¿IMPOTENCIA DIVINA?

PREGUNTA

Sin embargo, es muy conocida la objeción que muchos plantean: de este modo la pregunta sobre el dolor y el mal del mundo no se afronta de verdad, sino que sólo se pospone. De hecho, la fe afirma que Dios es omnipotente, ¿por qué, entonces, no ha eliminado y sigue sin eliminar el sufrimiento del mundo que Él ha creado? ¿No estaremos aquí ante una especie de «impotencia divina», como dicen incluso personas de sincera aunque atormentada religiosidad?

RESPUESTA

Sí, en cierto sentido se puede decir que *frente a la libertad humana Dios ha querido hacerse «impotente»*. Y puede decirse asimismo que Dios está pagando por este gran don que ha concedido a un ser creado por Él «a Su imagen y semejanza» (cfr. *Juan* 1,26). Él permanece coherente ante un don semejante; y por eso *se presenta ante el juicio del hombre*, ante un tribunal usurpador que Le hace preguntas provocativas: «¿Es verdad que eres rey?» (cfr. *Juan* 18,38), ¿es verdad que todo lo que sucede en el mundo, en la historia de Israel, en la historia de todas las naciones, depende de ti?

Sabemos cuál es la respuesta que Cristo dio a esa pregunta ante el tribunal de Pilato: «Para esto nací y para esto vine al mundo: para dar testimonio de la verdad» (*Juan* 18,37). Pero, entonces, «¿qué es la verdad?» (*Juan* 18,38). Y aquí acaba el proceso judicial, aquel dramático proceso en el que el hombre acusó a Dios ante el tribunal de la propia historia. Proceso en el que la sentencia no fue emitida conforme a verdad. Pilato dice: «Yo no encuentro en él ninguna culpa» (*Juan* 18,38 y 19,6), y un momento después ordena: «¡Prendedlo vosotros y crucificadlo!» (*Juan* 19,6). De este modo se lava las manos del asunto y hace recaer la responsabilidad sobre la violenta muchedumbre.

Así pues, *la condena de Dios por parte del hombre no se basa en la verdad, sino en la prepotencia, en una engañosa conjura.* ¿No es exactamente ésta la verdad de la historia del hombre, la verdad de nuestro siglo? En nuestros días, semejante condena ha sido repetida en numerosos tribunales en el ámbito de regímenes de opresión totalitaria. Pero ¿no se repite igualmente en los parlamentos democráticos cuando, por ejemplo, mediante una ley emitida regularmente, se condena a muerte al hombre aún no nacido?

Dios está siempre de parte de los que sufren. Su omnipotencia se manifiesta precisamente en el hecho de haber aceptado libremente el sufrimiento. Hubiera podido no hacerlo. Hubiera podido demostrar la propia omnipotencia incluso en el momento de la Crucifixión; de hecho, así se lo proponían: «Baja de la cruz y te creeremos» (cfr. *Marcos* 15,32). Pero no recogió ese desafío. El hecho de que haya permanecido sobre la cruz hasta el final, el hecho de que sobre la cruz haya podido decir como todos los que sufren: «Dios mío, Dios mío, ¿por qué me has abandonado?» (*Marcos* 15,34), este hecho, ha quedado en la historia del hombre como *el argumento más fuerte.* Si no hubiera existido esa agonía en la cruz, la verdad de que Dios es Amor estaría por demostrar.

¡Sí!, Dios es Amor, y precisamente por eso entregó a Su Hijo, para darlo a conocer hasta el fin como amor. Cristo es el que *«amó hasta el fin»* (*Juan* 13,1). «Hasta el fin» quiere decir hasta el último respiro. «Hasta el fin» quiere decir aceptando todas las consecuencias del pecado del hombre, tomándolo sobre sí como propio. Como había afirmado el profeta Isaías: «Cargó con nuestros sufrimientos, [...] Todos estábamos perdidos como ovejas, cada uno iba por su camino, y el Señor hizo recaer sobre Él la iniquidad de todos nosotros» (cfr. 53, 4 y 6).

El Varón de dolores es la revelación de aquel Amor que «lo soporta todo» (1 *Corintios* 13,7), de aquel Amor que es «el más grande» (cfr. *Romanos* 5,5). En definitiva, ante el Crucificado, cobra en nosotros preeminencia el hombre que se hace partícipe de la Redención frente al hombre que pretende ser encarnizado juez de las sentencias divinas, en la propia vida y en la de la humanidad.

Así pues, nos encontramos *en el centro mismo de la historia de la salvación*. El juicio sobre Dios se convierte en juicio sobre el hombre. La dimensión divina y la dimensión humana de este acontecimiento se encuentran, se entrecruzan y se superponen. No es posible no detenerse aquí. Desde el monte de las Bienaventuranzas el camino de la Buena Nueva lleva al Gólgota, y pasa a través del monte Tabor, es decir, del monte de la Transfiguración: la dificultad del Gólgota, su desafío, es tan grande que Dios mismo quiso advertir a los apóstoles de todo lo que debía suceder entre el Viernes Santo y el Domingo de Pascua.

La elocuencia definitiva del Viernes Santo es la siguiente: *Hombre, tú que juzgas a Dios*, que le ordenas que se justifique ante tu tribunal, piensa en ti mismo, mira si no eres tú el responsable de la muerte de este Condenado, *si el juicio contra Dios no es en realidad un juicio contra ti mismo*. Reflexiona y juzga si este juicio y su resultado –la Cruz y luego la Resurrección– no son para ti el único camino de salvación.

Cuando el arcángel Gabriel anunció a la Virgen de Nazaret el nacimiento del Hijo, revelándole que Su Reino no tendría fin (cfr. *Lucas* 1,33), era ciertamente difícil prever que aquellas palabras preludiaban tal futuro: que el Reino de Dios en el mundo se tendría que realizar a un precio tan alto, que desde aquel momento la historia de la salvación de toda la humanidad tendría que seguir un camino semejante.

¿Sólo desde aquel momento? ¿O también desde el inicio? El evento del Gólgota es un hecho histórico; sin embargo, no está limitado ni en el tiempo ni en el espacio, alcanza el pasado hasta el principio y se abre al futuro hasta el término mismo de la historia. Comprende en sí mismo lugares y tiempos, comprende a todos los hombres. Cristo es *lo que se espera* y es, al mismo tiempo, *el cumplimiento.* «No hay otro Nombre dado a los hombres bajo el cielo por el que esté establecido que podamos salvarnos» (*Hechos de los Apóstoles* 4,12).

El cristianismo es una religión de salvación, es decir, soteriológica, para usar el término que usa la teología. La soteriología cristiana se centra en el ámbito del Misterio pascual. Para poder esperar ser salvado por Dios, el hombre tiene que detenerse bajo la Cruz de Cristo. Luego, el domingo después del Sábado Santo, tiene que estar ante el sepulcro vacío y escuchar, como las mujeres de Jerusalén: «No está aquí. Ha resucitado» (*Mateo* 28,6). Entre la Cruz y la Resurrección está contenida la certeza de que Dios salva al hombre, que Él lo salva por medio de Cristo, por medio de Su Cruz y de Su Resurrección.

12

ASÍ NOS SALVA

El Santo Padre no ignora que en la cultura actual nosotros, «la gente corriente», corremos el riesgo de no comprender siquiera el verdadero significado de las propias bases en que se apoya el planteamiento cristiano.

Le pregunto, pues: Para la fe, ¿qué significa «salvar»? ¿En qué consiste esa «salvación» que, como Usted repite, es el corazón mismo del cristianismo?

RESPUESTA

Salvar significa liberar del mal. Aquí no se trata solamente del mal social, como la injusticia, la opresión, la explotación; ni solamente de las enfermedades, de las catástrofes, de los cataclismos naturales y de todo lo que en la historia de la humanidad es calificado como desgracia.

Salvar quiere decir liberar del *mal radical, definitivo*. Semejante mal no es siquiera la muerte. No lo es si después viene la Resurrección. Y la Resurrección sucede por obra de Cristo. *Por obra del Redentor la muerte cesa de ser un mal definitivo, está sometida al poder de la vida.*

El mundo no tiene un poder semejante. El mundo, que puede perfeccionar sus técnicas terapéuticas en tantos ámbitos, no tiene el poder de liberar al hombre de la muerte. Y por eso el mundo no puede ser fuente de salvación para el hombre. *Solamente Dios salva*, y salva a toda la humanidad en Cristo. *El mismo nombre de Jesús, Jeshua («Dios que salva»)*, habla de esta salvación. En la historia llevaron este nombre muchos israelitas, pero se puede decir que sólo pertenecía a este Hijo de Israel, que tenía que confirmar Su verdad: «¿No soy yo el Señor? Fuera de mí no hay otro Dios; un Dios justo y salvador no lo hay fuera de mí» (cfr. *Isaías* 45,21).

Salvar quiere decir *liberar del mal radical*. Semejante mal no es solamente el progresivo declinar del hombre con el paso del tiempo y su abismarse final en la muerte. Un mal aún más radical es el rechazo del hombre por parte de Dios, es decir, *la condenación eterna* como consecuencia del rechazo de Dios por parte del hombre.

La condenación es lo opuesto a la salvación. La una y la otra se unen con el destino del hombre a vivir eternamente. La una y la otra presuponen la inmortalidad del ser humano. La muerte temporal no puede destruir el destino del hombre a la vida eterna.

¿Y qué es esta vida eterna? Es la felicidad que proviene de la *unión con Dios*. Cristo afirma: «Ésta es la vida eterna: que te conozcan a ti, único Dios verdadero, y al que has enviado, Jesucristo» (*Juan* 17,3). La unión con Dios se actualiza en la visión del Ser divino «cara a cara» (1 *Corintios* 13,12), visión llamada «beatífica», porque lleva consigo el definitivo cumplimiento de la aspiración del hombre a la verdad. En vez de tantas verdades parciales, alcanzadas por el hombre mediante el conocimiento precientífico y científico, la visión de Dios «cara a cara» permite gozar de la absoluta plenitud de la verdad. De este modo es definitivamente satisfecha la aspiración humana a la verdad.

La salvación, sin embargo, no se reduce a esto. Conociendo a Dios «cara a cara», el hombre encuentra *la absoluta plenitud del bien*. La intuición platónica de la idea de bien encuentra en el cristianismo su confirmación ultrafilosófica y definitiva. No se trata aquí de la unión con la idea de bien, sino de la unión con el Bien mismo. Dios es este bien. Al joven que preguntaba: «¿Qué debo hacer para alcanzar la vida eterna?», Cristo le respondió: «¿Por qué me llamas bueno? Nadie es bueno sino sólo Dios» (*Marcos* 10, 17-18).

Como plenitud del Bien, *Dios es plenitud de la vida.* La vida es en Él y es por Él. Ésta es la vida que no tiene límites de tiempo ni de espacio. Es «vida eterna», participación en la vida de Dios mismo, y se realiza en la eterna comunión con el Padre, con el Hijo y con el Espíritu Santo. El dogma de la Santísima Trinidad expresa la verdad sobre la vida íntima de Dios, e invita a que se la acoja. En Jesucristo el hombre es llamado a semejante participación y es llevado hacia ella.

La vida eterna es precisamente esto. La muerte de Cristo da la vida, porque permite al creyente tomar parte en Su Resurrección. La Resurrección misma es la revelación de la vida, que se confirma más allá de los confines de la muerte. Cuando aún no había muerto y resucitado, Cristo resucitó a Lázaro y, antes de hacerlo, sostuvo aquella significativa conversación con sus hermanas. Marta le dice: «Señor, si hubieses estado aquí, mi hermano no habría muerto.» Cristo responde: «Tu hermano resucitará.» Marta replica: «Sé que resucitará en el último día.» Y Jesús: «Yo soy la Resurrección y la vida. [...] Todo el que vive y cree en mí no morirá para siempre» (*Juan* 11,21 y 23-26).

Estas palabras dichas con ocasión de la Resurrección de Lázaro contienen la verdad sobre la Resurrección de los cuerpos obrada por Cristo. Su Resurrección y Su victoria sobre la muerte abrazan a todo hombre. Somos llamados a la salvación, somos llamados a la participación en la vida que se ha revelado mediante la Resurrección de Cristo.

Según san Mateo, esta Resurrección debe estar precedida por el *juicio* sobre las obras de caridad que se hayan llevado a cabo o, al contrario, no realizado. Como consecuencia del juicio, los justos son destinados a la vida eterna. Existe también el destino a la condenación eterna, que no es otra cosa que el definitivo rechazo de Dios, la definitiva ruptura de la comunión con el Padre, el Hijo y el Espíritu Santo. *En ella no es tanto Dios quien rechaza al hombre como el hombre quien rechaza a Dios.*

La eterna condenación está claramente afirmada en el Evangelio. ¿En qué medida encuentra su cumplimiento en la vida de ultratumba? Esto, en definitiva, es un gran misterio. No es posible, sin embargo, olvidar que Dios «quiere que todos los hombres se salven y lleguen al conocimiento de la verdad» (1 *Timoteo* 2,4).

La felicidad que brota del conocimiento de la verdad, de la visión de Dios cara a cara, de la participación de Su vida, esta felicidad, es tan profundamente acorde con esa aspiración, que está inscrita en la esencia del hombre, que las palabras que acabo de citar de la *Primera Carta a Timoteo* quedan plenamente justificadas: el que ha creado al hombre con esta fundamental inclinación no puede comportarse de modo distinto a cuanto está escrito en el texto revelado, no puede no querer «que todos los hombres se salven y lleguen al conocimiento de la verdad».

El cristianismo es una religión salvífica, soteriológica. La soteriología es la de la Cruz y la de la Resurrección. Dios quiere que «el hombre viva» (cfr. *Ezequiel* 18,23), se acerca a él mediante la Muerte del Hijo para revelarle la vida a la que le llama en Dios mismo. Todo hombre que busque la salvación, no sólo el cristiano, debe detenerse ante la Cruz de Cristo.

¿Aceptará la verdad del Misterio pascual o no? ¿Creerá? Esto es ya otra cuestión. *Este Misterio de salvación es un hecho ya consumado.* Dios ha abrazado a todos con la Cruz y la Resurrección de su Hijo. Dios abraza a todos con la vida que se ha revelado en la Cruz y en la Resurrección, y que se inicia siempre de nuevo por ella. *El Misterio está ya injertado en la historia de la humanidad,* en la historia de cada hombre, como queda significado en la alegoría de la «vid y los sarmientos», recogida por Juan (cfr. *Juan* 15,1-8).

La soteriología cristiana es *soteriología de la plenitud de vida*. No es solamente soteriología de la *verdad* descubierta en la Revelación, sino que al mismo tiempo es también soteriología del *amor*. En un cierto sentido es, *en primer lugar, soteriología del Amor Divino*.

Es sobre todo el amor el que posee poder salvífico. El poder salvífico del amor –según las palabras de san Pablo en la *Carta a los Corintios*– es más grande que el puro conocimiento de la verdad: «Éstas son, pues, las tres cosas que permanecen: la fe, la esperanza y la caridad; pero, de entre todas ellas, ¡la más grande es la caridad!» (1 *Corintios* 13,13). La salvación por medio del amor es, al mismo tiempo, participación en la plenitud de la verdad, y también en la plenitud de la belleza. Todo esto es Dios. Dios ha abierto todos estos «tesoros de vida y de santidad» ante el hombre en Jesucristo (*Letanías del Sagrado Corazón de Jesús*).

El hecho de que el cristianismo sea una religión soteriológica se manifiesta en la *vida sacramental de la Iglesia*. Cristo, que vino para que «tuviésemos la vida, y la tuviésemos en abundancia» (cfr. *Juan* 10,10), abre ante nosotros las fuentes de esta vida. Lo hace de modo especial por medio del Misterio pascual, de la Muerte y Resurrección; a él están unidos tanto el Bautismo como la Eucaristía, sacramentos que crean en el hombre un germen de vida eterna. En el Misterio pascual Cristo ha fijado el poder de regeneración en el sacramento de la Reconciliación; después de la Resurrección, dijo a los apóstoles: «Recibid el Espíritu Santo; a quienes les perdonéis los pecados les serán perdonados» (*Juan* 20,22-23).

El hecho de que el cristianismo sea una soteriología tiene también su expresión en el *culto*. En el centro de todo el *opus laudis* («obra, trabajo de alabanza») está la celebración de la Resurrección y de la vida.

La *Iglesia oriental*, en su liturgia, se centra fundamentalmente en la Resurrección. La *Iglesia occidental*, aun manteniendo la primacía de la Resurrección, ha ido más lejos en dirección a la Pasión. El culto a la Cruz de Cristo ha modelado la historia de la piedad cristiana y ha dado lugar a los más grandes santos que hayan salido del seno de la Iglesia a lo largo de los siglos. Todos, comenzando por san Pablo, han sido «amantes de la Cruz de Cristo» (cfr. *Gálatas* 6,14). Entre ellos ocupa un lugar especial san Francisco de Asís, aunque no sólo él. No hay santidad cristiana sin devoción a la Pasión, como no hay santidad sin el primado del Misterio pascual.

La *Iglesia oriental* atribuye una gran importancia a la *fiesta de la Transfiguración*. Los santos ortodoxos manifiestan, sobre todo, este misterio. Los santos de la Iglesia católica no raramente fueron estigmatizados, empezando por Francisco de Asís; llevaron en sí mismos la señal física de su semejanza con Cristo en Su Pasión. De este modo, en el transcurso de dos mil años, se ha ido formando esta *gran síntesis de vida y de santidad, cuyo centro es siempre Cristo*.

A pesar de toda su orientación hacia la vida eterna, hacia esa felicidad que se encuentra en Dios mismo, el cristianismo, y especialmente el cristianismo occidental, no ha sido nunca una religión indiferente con respecto al mundo; ha estado siempre *abierto al mundo, a sus interrogantes, a sus inquietudes, a sus expectativas*. Esto queda expresado de modo especial en la Constitución *Gaudium et Spes*, debida a la iniciativa personal de Juan XXIII. Antes de morir, el papa Roncalli tuvo aún tiempo de entregarla al Concilio, como deseo personal Suyo.

El *aggiornamento* no es sólo la renovación de la Iglesia en sí misma, no es sólo la unidad de los cristianos, «para que el mundo crea» (*Juan* 17,21), es también, y sobre todo, la acción salvífica en favor del mundo. Es acción salvífica que se centra en esta «forma del mundo que pasa» (cfr. 1 *Corintios* 7,31), pero que está constantemente orientada hacia la eternidad, hacia la plenitud de la vida. La Iglesia no pierde de vista esa plenitud definitiva, a la que nos conduce Cristo. Con esto queda confirmada –a través de todas las dimensiones de la vida humana, de la vida temporal– la constitución soteriológica de la Iglesia. La Iglesia es cuerpo de Cristo: cuerpo vivo, y que da la vida a todas las cosas.

13

¿POR QUÉ TANTAS RELIGIONES?

PREGUNTA

Pero si el Dios que está en los cielos, que ha salvado y salva al mundo, es Uno solo y es El que se ha revelado en Jesucristo, ¿por qué ha permitido tantas religiones?

¿Por qué hacernos tan ardua la búsqueda de la verdad en medio de una selva de cultos, creencias, revelaciones, diferentes maneras de fe, que siempre, y aún hoy, crecen en todos los pueblos?

RESPUESTA

Usted habla de «tantas religiones». Yo, en cambio, intentaré mostrar qué es lo que constituye para estas religiones el *elemento común fundamental* y la *raíz común*.

El Concilio definió las relaciones de la Iglesia con las religiones no cristianas en la Declaración conciliar que comienza con las palabras *Nostra aetate* («En nuestro tiempo»). Es un documento conciso y, sin embargo, muy rico. Se halla contenida en él la auténtica transmisión de la tradición; cuanto se dice en él corresponde a lo que pensaban los Padres de la Iglesia desde los tiempos más antiguos.

La Revelación cristiana, desde su inicio, ha mirado la historia espiritual del hombre de una manera en la que entran en cierto modo todas las religiones, mostrando así *la unidad del género humano ante el eterno y último destino del hombre*. La declaración conciliar habla de esa unidad al referirse a la propensión, típica de nuestro tiempo, de acercar y unir la humanidad, gracias a los medios de que dispone la civilización actual. La Iglesia considera el empeño en pro de esta unidad una de sus tareas: *«Todos los pueblos forman una comunidad*, tienen un mismo origen, puesto que Dios hizo habitar a todo el género humano sobre la faz de la tierra; y tienen también un solo fin último, Dios, cuya providencia, manifestación de bondad y designios de salvación se extienden a todos. [...] Los hombres *esperan de las diversas religiones la respuesta a los recónditos enigmas de la condición humana*, que ayer como hoy turban profundamente el corazón del hombre: la naturaleza del hombre, el sentido y el fin de nuestra vida, el bien y el pecado, el origen y el fin del dolor, el camino para conseguir la verdadera felicidad, la muerte, el juicio y la retribución después de la muerte y, finalmente, el último e inefable misterio que envuelve nuestra existencia, de donde procedemos y hacia el que nos dirigimos. Desde la antigüedad hasta nuestros días, se halla en los diversos pueblos una cierta sensibilidad de aquella misteriosa fuerza que está presente en el curso de las cosas y en los acontecimientos de la vida humana, y a veces también se reconoce la Suprema Divinidad y también al Padre. Sensibilidad y conocimiento que impregnan la vida de un íntimo sentido religioso. Junto a eso, las religiones, relacionadas con el progreso de la cultura, se esfuerzan en responder a las mismas cuestiones con nociones más precisas y con un lenguaje más elaborado» (*Nostra aetate*, 1-2).

Y aquí la declaración conciliar nos conduce hacia el *Extremo Oriente*. En primer lugar al este asiático, un continente en el cual la actividad misionera de la Iglesia, iniciada desde los tiempos apostólicos, ha conseguido unos frutos, hay que reconocerlo, modestísimos. Es sabido que solamente un reducido tanto por ciento de la población, en el que es el continente más grande del mundo, confiesa a Cristo.

Esto no significa que la tarea misionera de la Iglesia

haya sido desatendida. Todo lo contrario, el esfuerzo ha sido y es cada vez más intenso. Pero *la tradición de culturas muy antiguas*, anteriores al cristianismo, *sigue siendo en Oriente muy fuerte*. Si bien la fe en Cristo tiene acceso a los corazones y a las mentes, la imagen de la vida en las sociedades occidentales (en las sociedades que se llaman «cristianas»), que es más bien un antitestimonio, supone un notable obstáculo para la aceptación del Evangelio. Más de una vez se refirió a eso el Mahatma Gandhi, indio e hindú, a su manera profundamente evangélico y, sin embargo, desilusionado por cómo el cristianismo se manifestaba en la vida política y social de las naciones. ¿Podía un hombre que combatía por la liberación de su gran nación de la dependencia colonial, aceptar el cristianismo en la forma que le era presentado precisamente por las potencias coloniales?

El Concilio Vaticano II ha sido consciente de tales dificultades. Por eso, la declaración sobre las relaciones de la Iglesia con el hinduismo y con las otras religiones del Extremo Oriente es tan importante. Leemos: «En el *hinduismo* los hombres investigan el misterio divino y lo expresan mediante la inagotable fecundidad de los mitos y con los penetrantes esfuerzos de la filosofía; buscan la liberación de las angustias de nuestra condición, sea mediante formas de vida ascética, sea a través de la profunda meditación, sea en el refugio en Dios con amor y confianza. En el *budismo*, según sus varias escuelas, se reconoce la radical insuficiencia de este mundo mudable y se enseña un camino por el que los hombres, con corazón devoto y confiado, se hagan capaces de adquirir el estado de liberación perfecta o de llegar al estado de suprema iluminación por medio de su propio esfuerzo, o con la ayuda venida de lo alto» (*Nostra aetate*, 2).

Más adelante el Concilio recuerda que *«la Iglesia católica no rechaza nada de cuanto hay de verdadero y santo en es-*

tas religiones. Considera con sincero respeto esos modos de obrar y de vivir, esos preceptos y esas doctrinas que si bien en muchos puntos difieren de lo que ella cree y propone, no pocas veces *reflejan un destello de aquella Verdad que ilumina a todos los hombres*. Pero Ella anuncia y tiene la obligación de anunciar a Cristo, *que es «camino, verdad y vida»* (*Juan* 14,6), en quien los hombres deben encontrar la plenitud de la vida religiosa y en quien Dios ha reconciliado Consigo mismo todas las cosas» (*Nostra aetate*, 2).

Las palabras del Concilio nos llevan a la convicción, desde hace tanto tiempo enraizada en la tradición, de la existencia de los llamados *semina Verbi* («semillas del Verbo»), presentes en todas las religiones. Consciente de eso, la Iglesia procura reconocerlos en estas grandes tradiciones del Extremo Oriente, para trazar, sobre el fondo de las necesidades del mundo contemporáneo, una especie de camino común. Podemos afirmar que, aquí, la posición del Concilio está inspirada por una *solicitud verdaderamente universal*. La Iglesia se deja guiar por la fe de que *Dios Creador quiere salvar a todos en Jesucristo*, único mediador entre Dios y los hombres, porque los ha redimido a todos. El Misterio pascual está igualmente abierto a todos los hombres y, en él, para todos está abierto también el camino hacia la salvación eterna.

En otro pasaje el Concilio dirá que el Espíritu Santo obra eficazmente también fuera del organismo visible de la Iglesia (cfr. *Lumen gentium*,13). Y obra precisamente sobre la base de estos *semina Verbi*, que constituyen una especie de *raíz soteriológica común a todas las religiones*.

He tenido ocasión de convencerme de eso en numerosas ocasiones, tanto *visitando los países del Extremo Oriente* como en los encuentros con los representantes de esas religiones, especialmente durante el histórico *encuentro de Asís*, en el cual nos reunimos para rezar por la paz.

Así pues, en vez de sorprenderse de que la Providencia

permita tal variedad de religiones, deberíamos más bien maravillarnos de los numerosos elementos comunes que se encuentran en ellas.

Llegados a este punto sería oportuno recordar todas las *religiones primitivas*, las *religiones de tipo animista*, que ponen en primer plano el culto a los antepasados. Parece que quienes las practican se encuentren especialmente cerca del cristianismo. Con ellos, también la actividad misionera de la Iglesia halla más fácilmente un lenguaje común. ¿Hay, quizá, en esta veneración a los antepasados una cierta preparación para la fe cristiana en la comunión de los santos, por la que todos los creyentes –vivos o muertos– forman una única comunidad, un único cuerpo? La fe en la comunión de los santos es, en definitiva, fe en Cristo, que es la única fuente de vida y de santidad para todos. No hay nada de extraño, pues, en que los animistas africanos y asiáticos se conviertan con relativa facilidad en confesores de Cristo, oponiendo menos resistencia que los representantes de las grandes *religiones del Extremo Oriente.*

Estas últimas –también según la presentación que hace de ellas el Concilio– poseen *carácter de sistema*. Son *sistemas culturales* y, al mismo tiempo, *sistemas éticos*, con un notable énfasis en lo que es el bien y en lo que es el mal. A ellas pertenecen ciertamente tanto el confucionismo chino como el taoísmo; Tao quiere decir verdad eterna –algo semejante al Verbo cristiano–, que se refleja en los actos del hombre mediante la verdad y el bien morales. Las religiones del Extremo Oriente han supuesto una gran contribución en la historia de la moralidad y de la cultura, han formado la conciencia de identidad nacional en los habitantes de China, India, Japón, Tíbet, y también en los pueblos del sudeste de Asia o de los archipiélagos del océano Pacífico.

Algunos de estos pueblos tienen culturas que se remontan a épocas muy lejanas. Los indígenas australianos se enorgullecen de tener una historia de varias decenas de miles de años, y su tradición étnica y religiosa es más antigua que la de Abraham y Moisés.

Cristo vino al mundo para todos estos pueblos, los ha redimido a todos y tiene ciertamente Sus caminos para llegar a cada uno de ellos, en la actual etapa escatológica de la historia de la salvación. De hecho, en aquellas regiones muchos Lo aceptan y muchos más tienen en Él una fe implícita (cfr. *Hebreos* 11,6).

14

¿BUDA?

PREGUNTA

Antes de pasar al monoteísmo, a las otras dos religiones (judaísmo e islamismo), que adoran a un Dios único, quisiera pedirle que se detuviera aún un poco en el budismo. Pues, como Usted bien sabe, es ésta una «doctrina salvífica» que parece fascinar cada vez más a muchos occidentales, sea como «alternativa» al cristianismo, sea como una especie de «complemento», al menos para ciertas técnicas ascéticas y místicas.

RESPUESTA

Sí, tiene usted razón, y le agradezco la pregunta. Entre las religiones que se indican en *Nostra aetate*, es necesario prestar una especial atención al *budismo*, que según un cierto punto de vista es, como el cristianismo, una religión de salvación. Sin embargo, hay que añadir de inmediato que la soteriología del budismo y la del cristianismo son, por así decirlo, contrarias.

En Occidente es bien conocida la figura del *Dalai-Lama*, cabeza espiritual de los tibetanos. También yo me he entrevistado con él algunas veces. Él presenta el budismo a los hombres de Occidente cristiano y suscita interés tanto por la espiritualidad budista como por sus métodos de oración. Tuve ocasión también de entrevistarme con el «patriarca» budista de Bangkok en Tailandia, y entre los monjes que lo rodeaban había algunas personas provenientes, por ejemplo, de los Estados Unidos. Hoy podemos comprobar que se está dando una cierta *difusión del budismo en Occidente*.

La *soteriología del budismo* constituye el punto central, más aún, el único de este sistema. Sin embargo, tanto la tradición budista como los métodos que se derivan de ella conocen casi exclusivamente una *soteriología negativa*.

La «iluminación» experimentada por Buda se reduce a la convicción de que el mundo es malo, de que es fuente de mal y de sufrimiento para el hombre. Para liberarse de este mal hay que liberarse del mundo; hay que romper los lazos que nos unen con la realidad externa, por lo tanto, los lazos existentes en nuestra misma constitución humana, en nuestra psique y en nuestro cuerpo. Cuanto más nos liberamos de tales ligámenes, más indiferentes nos hacemos a cuanto es el mundo, y más nos liberamos del sufrimiento, es decir, del mal que proviene del mundo.

¿Nos acercamos a Dios de este modo? En la «iluminación» transmitida por Buda no se habla de eso. El budismo es en gran medida un *sistema «ateo»*. No nos liberamos del mal a través del bien, que proviene de Dios; nos liberamos solamente mediante el desapego del mundo, que es malo. La plenitud de tal desapego no es la unión con Dios, sino el llamado nirvana, o sea, un estado de perfecta indiferencia respecto al mundo. *Salvarse* quiere decir, antes que nada, liberarse del mal *haciéndose indiferente al mundo, que es fuente de mal*. En eso culmina el proceso espiritual.

A veces se ha intentado establecer a este propósito una conexión con los *místicos cristianos*, sea con los del norte de Europa (Eckart, Taulero, Suso, Ruysbroeck), sea con los posteriores del área española (santa Teresa de Jesús, san Juan de la Cruz). Pero cuando san Juan de la Cruz, en su

Subida del Monte Carmelo y en la *Noche oscura*, habla de la necesidad de purificación, de desprendimiento del mundo de los sentidos, no concibe un desprendimiento como fin en sí mismo: «[...] Para venir a lo que no gustas, / has de ir por donde no gustas. / Para venir a lo que no sabes, / has de ir por donde no sabes. / Para venir a lo que no posees, / has de ir por donde no posees. [...]» (*Subida del Monte Carmelo*, I,13,11). Estos textos clásicos de san Juan de la Cruz se interpretan a veces en el este asiático como una confirmación de los métodos ascéticos propios de Oriente. Pero el doctor de la Iglesia no propone solamente el desprendimiento del mundo. Propone el desprendimiento del mundo para unirse a lo que está fuera del mundo, y no se trata del nirvana, sino de un Dios personal. La unión con Él no se realiza solamente en la vía de la purificación, sino mediante el amor.

La mística carmelita se inicia en el punto en que acaban las reflexiones de Buda y sus indicaciones para la vida espiritual. En la purificación activa y pasiva del alma humana, en aquellas específicas noches de los sentidos y del espíritu, san Juan de la Cruz ve en primer lugar la preparación necesaria para que el alma humana pueda ser penetrada por la llama de amor viva. Y éste es también el título de su principal obra: *Llama de amor viva*.

Así pues, a pesar de los aspectos convergentes, hay una esencial divergencia. La *mística cristiana* de cualquier tiempo –desde la época de los Padres de la Iglesia de Oriente y de Occidente, pasando por los grandes teólogos de la escolástica, como santo Tomás de Aquino, y los místicos noreuropeos, hasta los carmelitas– no nace de una «iluminación» puramente negativa, que hace al hombre consciente de que el mal está en el apego al mundo por medio de los sentidos, el intelecto y el espíritu, sino por la *Revelación del Dios vivo*. Este Dios se abre a la unión con el hombre, y hace surgir en el hombre la capacidad de

101

unirse a Él, especialmente por medio de las virtudes teologales: la fe, la esperanza y sobre todo el amor.

La mística cristiana de todos los siglos hasta nuestro tiempo –y también la mística de maravillosos hombres de acción como Vicente de Paul, Juan Bosco, Maximiliano Kolbe– ha edificado y constantemente edifica el cristianismo en lo que tiene de más esencial. Edifica también la Iglesia como comunidad de fe, esperanza y caridad. Edifica la civilización, en particular, la «civilización occidental», marcada por una *positiva referencia al mundo* y desarrollada gracias a los resultados de la ciencia y de la técnica, dos ramas del saber enraizadas tanto en la tradición filosófica de la antigua Grecia como en la Revelación judeocristiana. La verdad sobre Dios Creador del mundo y sobre Cristo su Redentor es una poderosa fuerza que inspira un comportamiento positivo hacia la creación, y un constante impulso a comprometerse en su transformación y en su perfeccionamiento.

El Concilio Vaticano II ha confirmado ampliamente esta verdad: abandonarse a una actitud negativa hacia el mundo, con la convicción de que para el hombre el mundo es sólo fuente de sufrimiento y de que por eso nos debemos distanciar de él, no es negativa solamente porque sea unilateral, sino también porque fundamentalmente es contraria al desarrollo del hombre y al desarrollo del mundo, que el Creador ha dado y confiado al hombre como tarea.

Leemos en la *Gaudium et Spes*: «*El mundo que* [el Concilio] *tiene presente es el de los hombres, o sea, el de la entera familia humana* en el conjunto de todas las realidades entre las que vive; el mundo, que es teatro de la historia del género humano, y lleva las señales de sus esfuerzos, de sus fracasos y victorias; el mundo que los cristianos creen que ha sido creado y conservado en la existencia por el amor del Creador, mundo ciertamente sometido bajo la esclavitud del pecado pero, por Cristo crucificado y resucitado, con la derrota del Maligno, liberado y destinado, *según el propósito divino, a transformarse y a alcanzar su cumplimiento*» (n. 2).

Estas palabras nos muestran que entre las religiones del Extremo Oriente, en particular el budismo, y el cristianismo hay una diferencia esencial en el modo de entender el mundo. El mundo es para el cristiano criatura de Dios, no hay necesidad por tanto de realizar un desprendimiento tan absoluto para encontrarse a sí mismo en lo profundo de su íntimo misterio. Para el cristianismo no tiene sentido hablar del mundo como de un mal «radical», ya que al comienzo de su camino se encuentra el Dios Creador que ama la propia criatura, un Dios «que ha entregado a su Hijo unigénito, para que quien crea en Él no muera, sino que tenga la vida eterna» (*Juan* 3,16).

No está por eso fuera de lugar *alertar* a aquellos cristianos que con entusiasmo *se abren a ciertas propuestas provenientes de las tradiciones religiosas del Extremo Oriente* en materia, por ejemplo, de técnicas y métodos de meditación y de ascesis. En algunos ambientes se han convertido en una especie de moda que se acepta de manera más bien acrítica. Es necesario conocer primero el propio patrimonio espiritual y reflexionar sobre si es justo arrinconarlo tranquilamente. Es obligado hacer aquí referencia al importante aunque breve documento de la Congregación para la Doctrina de la Fe «sobre algunos aspectos de la meditación cristiana» (15.X.1989). En él se responde precisamente a la cuestión de «si y cómo» la oración cristiana «puede ser enriquecida con los métodos de meditación nacidos en el contexto de religiones y culturas distintas» (n. 3).

Cuestión aparte es el *renacimiento de las antiguas ideas gnósticas en la forma de la llamada New Age*. No debemos engañarnos pensando que ese movimiento pueda llevar a una renovación de la religión. Es solamente un nuevo modo de practicar la gnosis, es decir, esa postura del espíritu que, en nombre de un profundo conocimiento de Dios, acaba por tergiversar Su Palabra sustituyéndola por palabras que son solamente humanas. La gnosis no ha desaparecido nunca del ámbito del cristianismo, sino que ha convivido siempre con él, a veces bajo la forma de corrientes filosóficas, más a menudo con modalidades religiosas o pararreligiosas, con una decidida aunque a veces no declarada divergencia con lo que es esencialmente cristiano.

15

¿MAHOMA?

PREGUNTA

Tema muy distinto, obviamente, es el que nos lleva a las mezquitas donde (como en las sinagogas) se reúnen los que adoran al Dios Uno y Único.

RESPUESTA

Sí, ciertamente. Debe hacerse un comentario aparte para estas grandes *religiones monoteístas*, comenzando por el *islamismo*. En la ya varias veces citada *Nostra aetate* leemos: «La Iglesia mira también con afecto a los musulmanes que adoran al único Dios, vivo y subsistente, misericordioso y todopoderoso, creador del cielo y de la tierra» (n. 3). Gracias a su monoteísmo, los creyentes en Alá nos son particularmente cercanos.

Recuerdo un suceso de mi juventud. Nos hallábamos visitando, en el convento de San Marcos de Florencia, los frescos del beato Angélico. En cierto momento se unió a nosotros un hombre, que, compartiendo nuestra admiración por la maestría de aquel gran religioso artista, no tardó en añadir: «Pero nada es comparable con nuestro magnífico monoteísmo musulmán.» Ese comentario no nos impidió continuar la visita y la conversación en tono amigable. Fue en aquella ocasión cuando tuve una experiencia anticipada del diálogo entre cristianismo e islamismo, que se procura fomentar, de manera sistemática, en el período posconciliar.

Cualquiera que, conociendo el Antiguo y el Nuevo Testamento, lee el Corán, ve con claridad el *proceso de reducción de la Divina Revelación que en él se lleva a cabo*. Es imposible no advertir el alejamiento de lo que Dios ha dicho de Sí mismo, primero en el Antiguo Testamento por medio de los profetas y luego de modo definitivo en el Nuevo Testamento por medio de Su Hijo. Toda esa riqueza de la autorrevelación de Dios, que constituye el patrimonio del Antiguo y del Nuevo Testamento, en el islamismo ha sido de hecho abandonada.

Al Dios del Corán se le dan unos nombres que están entre los más bellos que conoce el lenguaje humano, pero en definitiva es un Dios que está fuera del mundo, un Dios que es *sólo Majestad, nunca el Emmanuel*, Dios-con-nosotros. *El islamismo no es una religión de redención*. No hay sitio en él para la Cruz y la Resurrección. Jesús es mencionado, pero sólo como profeta preparador del último profeta, Mahoma. También María es recordada, Su Madre virginal; pero está completamente ausente el drama de la Redención. Por eso, no solamente la teología, sino también la antropología del Islam, están muy lejos de la cristiana.

Sin embargo, *la religiosidad de los musulmanes merece respeto*. No se puede dejar de admirar, por ejemplo, su fidelidad a la oración. La imagen del creyente en Alá que, sin preocuparse ni del tiempo ni del sitio, se postra de rodillas y se sume en la oración, es un modelo para los confesores del verdadero Dios, en particular para aquellos cristianos que, desertando de sus maravillosas catedrales, rezan poco o no rezan en absoluto.

El Concilio ha llamado a la Iglesia al *diálogo* también con los seguidores del «Profeta», y la Iglesia procede a lo largo de este camino. Leemos en la *Nostra aetate*: «Si en el transcurso de los siglos no pocas desavenencias y enemistades surgieron entre cristianos y musulmanes, el Sacrosanto Concilio exhorta a todos a olvidar el pasado y a ejercitar sinceramente la mutua comprensión, además de a defender y promover juntos, para todos los hombres, la justicia social, los valores morales, la paz y la libertad» (n. 3).

Desde este punto de vista han tenido ciertamente, como ya lo he señalado, un gran papel los encuentros de oración en Asís (especialmente la oración por la paz en Bosnia, en 1993), además de los encuentros con los seguidores del islamismo durante mis numerosos viajes apostólicos por África y Asia, donde a veces, en un determinado país, la mayoría de los ciudadanos está formada precisamente por musulmanes; pues bien, a pesar de eso, el Papa fue acogido con una grandísima hospitalidad y escuchado con pareja benevolencia.

La visita a Marruecos por invitación del rey Hasán II puede ser sin duda definida como un acontecimiento histórico. No se trató solamente de una visita de cortesía, sino de un hecho de orden verdaderamente pastoral. Inolvidable fue el encuentro con la juventud en el estadio de Casablanca (1985). Impresionaba la apertura de los jóvenes a la palabra del Papa cuando ilustraba la fe en el Dios único. Ciertamente fue un acontecimiento sin precedentes.

Tampoco faltan, sin embargo, dificultades muy concretas. En los países donde las *corrientes fundamentalistas* llegan al poder, los derechos del hombre y el principio de la libertad religiosa son interpretados, por desgracia, muy unilateralmente; la libertad religiosa es entendida como libertad de imponer a todos los ciudadanos la «verdadera religión». La situación de los cristianos en estos países es a veces de todo punto dramática. Los comportamientos fundamentalistas de este tipo hacen muy difícil los contactos recíprocos. No obstante, por parte de la Iglesia permanece inmutable la apertura al diálogo y a la colaboración.

16

LA SINAGOGA DE WADOWICE

Llegados a este punto –como era de esperar– Su Santidad pretende dirigirse a Israel.

Así es. A través de esa sorprendente pluralidad de religiones, que se disponen entre ellas como en círculos concéntricos, hemos llegado a la religión que nos es más cercana: la del pueblo de Dios de la Antigua Alianza.

Las palabras de la *Nostra aetate* suponen un verdadero cambio. El Concilio dice: «La Iglesia de Cristo reconoce que, efectivamente, los comienzos de su fe y de su elección se encuentran ya, según el misterio divino de salvación, en los Patriarcas, Moisés y los Profetas. [...] Por eso, la Iglesia no puede olvidar que ha recibido la revelación del Antiguo Testamento por medio de aquel pueblo con el que Dios, en su inefable misericordia, se dignó sellar la Alianza Antigua, y que se nutre de la raíz del buen olivo en el que han sido injertados los ramos del olivo silvestre que son los gentiles. [...] Por consiguiente, siendo tan grande el patrimonio espiritual común a los cristianos y a los hebreos, este Sacro Concilio quiere promover y recomendar entre ellos el mutuo conocimiento y estima, que se consigue sobre todo por medio de los estudios bíblicos y de un fraterno diálogo» (n. 4).

Tras las palabras de la declaración conciliar está la experiencia de muchos hombres, tanto judíos como cristianos. Está también *mi experiencia personal* desde los primerísimos años de mi vida en mi ciudad natal. Recuerdo sobre todo la escuela elemental de Wadowice, en la que, en mi clase, al menos una cuarta parte de los alumnos estaba compuesta por chicos judíos. Y quiero ahora mencionar mi amistad, en aquellos tiempos escolares, con uno de ellos, Jerzy Kluger. Amistad que ha continuado desde los bancos de la escuela hasta hoy. Tengo viva ante mis ojos la imagen de los judíos que cada sábado se dirigían a la sinagoga, situada detrás de nuestro gimnasio. Ambos grupos religiosos, católicos y judíos, estaban unidos, supongo, por la conciencia de estar rezando al mismo Dios. A pesar de la diversidad de lenguaje, las oraciones en la iglesia y en la sinagoga estaban basadas, en considerable medida, en los mismos textos.

Luego vino la Segunda Guerra Mundial, con los campos de concentración y el exterminio programado. En primer lugar, lo sufrieron precisamente los hijos de la nación hebrea, solamente porque eran judíos. Quien viviera entonces en Polonia tenía, aunque sólo fuera indirectamente, contacto con esa realidad.

Ésta fue, por tanto, también mi experiencia personal, una experiencia que he llevado dentro de mí hasta hoy. Auschwitz, quizá el símbolo más elocuente del *holocausto del pueblo judío*, muestra hasta dónde puede llevar a una nación un sistema construido sobre premisas de odio racial o de afán de dominio. Auschwitz no cesa de amonestarnos aún en nuestros días, recordando que *el antisemitismo es un gran pecado contra la humanidad*; que todo odio racial acaba inevitablemente por llevar a la conculcación de la dignidad humana.

Quisiera volver a la sinagoga de Wadowice. Fue destruida por los alemanes y hoy ya no existe. Hace algunos años vino a verme Jerzy para decirme que el lugar en el que estaba situada la sinagoga debería ser honrado con una lápida conmemorativa adecuada. Debo admitir que en aquel momento los dos sentimos una profunda emoción. Se presentó ante nuestros ojos la imagen de aquellas personas conocidas y queridas, y de aquellos sábados de nuestra infancia y adolescencia, cuando la comunidad judía de Wadowice se dirigía a la oración. Le prometí que escribiría gustoso unas palabras para tal ocasión, en señal de solidaridad y de unión espiritual con aquel importante suceso. Y así fue. La persona que transmitió a mis conciudadanos de Wadowice el contenido de esa carta personal mía fue el propio Jerzy. Aquel viaje fue muy difícil para él. Toda su familia, que se había quedado en aquella pequeña ciudad, murió en Auschwitz, y la visita a Wadowice, para la inauguración de la lápida conmemorativa de la sinagoga local, era para él la primera después de cincuenta años...

Detrás de las palabras de la *Nostra aetate*, como he dicho, está la experiencia de muchos. Vuelvo con el recuerdo *al período de mi trabajo pastoral en Cracovia*. Cracovia y especialmente el barrio de Kazimierz conservan muchos rasgos de la cultura y la tradición judías. En Kazimierz, antes de la guerra, había algunas decenas de sinagogas, que en parte eran grandes monumentos de la cultura. Como arzobispo de Cracovia, tuve intensos contactos con la comunidad judía de la ciudad. Relaciones muy cordiales me unían con su jefe, que han continuado incluso después de mi traslado a Roma.

Elegido a la Sede de Pedro, conservo pues en mi ánimo algo que tiene raíces muy profundas en mi vida. Con ocasión de mis viajes apostólicos por el mundo intento siempre encontrarme con representantes de las comunidades judías. Pero una experiencia del todo excepcional fue para mí, sin duda, *la visita a la sinagoga romana*. La historia de los judíos en Roma es un capítulo aparte en la historia de este pueblo, capítulo estrechamente ligado, por otro lado, a los *Hechos de los Apóstoles*. Durante aquella visita memorable, definí a los judíos como *hermanos mayores en la fe*. Son palabras que resumen en realidad todo cuanto dijo el Concilio y que no puede dejar de ser una profunda convicción de la Iglesia. El Vaticano II en este caso no se ha extendido mucho, pero lo que ha dejado confirmado abarca una realidad inmensa, una realidad no solamente religiosa sino también cultural.

Este extraordinario pueblo continúa llevando dentro de sí mismo las señales de la elección divina. Lo dije una vez hablando con un político israelí, el cual estuvo plenamente de acuerdo conmigo. Sólo añadió: *«¡Si esto fuera menos costoso...!»* Realmente, Israel ha pagado un alto precio por su propia «elección». Quizá debido a eso se ha hecho más semejante al Hijo del hombre, quien, según la carne, era también Hijo de Israel; el dos mil aniversario de Su venida al mundo será fiesta también para los judíos.

Estoy contento de que mi ministerio en la Sede de Pedro haya tenido lugar en el período posconciliar, mientras las aspiraciones que guiaron *Nostra aetate* iban adquiriendo forma concreta. De este modo se acercan entre sí estas dos grandes partes de la divina elección: la Antigua y la Nueva Alianza.

La Nueva Alianza tiene sus raíces en la Antigua. Cuándo podrá el pueblo de la Antigua Alianza reconocerse en la Nueva es, naturalmente, una cuestión que hay que dejar en manos del Espíritu Santo. Nosotros, hombres, intentemos sólo no obstaculizar el camino. La manera de este «no poner obstáculos» es ciertamente el *diálogo cristiano-judío*, que se lleva adelante por parte de la Iglesia mediante el Consejo Pontificio para la Unidad de los Cristianos.

Estoy además contento de que –como efecto del proceso de paz que se está llevando a cabo, a pesar de retrocesos y obstáculos, en el Oriente Medio, también por iniciativa del Estado de Israel– se haya hecho posible *el restablecimiento de relaciones diplomáticas entre la Sede Apostólica e Israel.* En cuanto al reconocimiento del Estado de Israel, hay que subrayar que no tuve nunca dudas al respecto.

Una vez, después de la conclusión de uno de mis encuentros con comunidades judías, uno de los presentes dijo: «Quiero agradecer al Papa todo cuanto la Iglesia católica ha hecho en pro del conocimiento del verdadero Dios en el transcurso de estos dos mil años.»

En estas palabras queda comprendido indirectamente cómo la Nueva Alianza sirve al cumplimiento de lo que tiene sus raíces en la vocación de Abraham, en la Alianza del Sinaí sellada con Israel, y en todo ese riquísimo patrimonio de los profetas inspirado por Dios, los cuales, ya centenares de años antes de su cumplimiento, hicieron presente, por medio de los Libros Sagrados, a Aquel que Dios iba a mandar en la «plenitud de los tiempos» (cfr. *Gálatas* 4,4).

17

HACIA EL DOS MIL EN MINORÍA

PREGUNTA

Perdone, Santo Padre, pero mi papel (del que reconozco todo el honor, pero a la vez su no pequeña responsabilidad) incluye el llevar a cabo una respetuosa «provocación» a propósito de cuestiones de actualidad –quizá preocupantes– también entre católicos.

Prosigo, pues. He observado cómo Usted se ha referido en repetidas ocasiones –consciente de la importancia simbólica del acontecimiento– al próximo tercer milenio de la era de la Redención; pues bien, basándome en cifras estadísticas, precisamente en torno al dos mil, y por primera vez en la historia, los musulmanes superarán en número a los católicos. Ya ahora sólo los hindúes son más numerosos que los protestantes y los ortodoxos griegos y eslavos juntos. En Sus viajes apostólicos por el mundo, Usted va con frecuencia a tierras donde los creyentes en Cristo, y los católicos en particular, son una pequeña minoría, incluso a veces en disminución.

¿Qué siente ante una realidad semejante, después de veinte siglos de evangelización? ¿Qué enigmático plan divino vislumbra?

RESPUESTA

Pienso que una visión así del problema está marcada por una cierta interpretación simplificadora de lo que es su esencia. Ésta, en realidad, es mucho más profunda, como he intentado ya explicar en la respuesta a la pregunta anterior. Aquí la estadística no se puede utilizar: *valores de este tipo no son cuantificables en cifras*.

A decir verdad, tampoco la sociología de la religión, por otra parte muy útil, puede decirnos mucho; los criterios de valoración que ofrece, según sus presupuestos, no sirven si lo que se quiere es sacar conclusiones sobre el comportamiento interior de las personas. *Ninguna estadística* que pretenda presentar cuantitativamente la fe, por ejemplo mediante la sola participación de los fieles en los ritos religiosos, alcanza el núcleo de la cuestión. *Aquí las solas cifras no bastan.*

En la pregunta se plantea la cuestión –aunque sea «provocativamente», como usted ha precisado– del siguiente modo: contemos cuántos son en el mundo los musulmanes o los hindúes, *contemos cuántos son los católicos*, o los cristianos en general, y tendremos la respuesta a la pregunta sobre qué religión es la mayoritaria, *cuál tiene futuro por delante* y cuál, en cambio, parece pertenecer ya sólo al pasado o está sufriendo un proceso sistemático de descomposición o decadencia.

En realidad, desde el punto de vista del Evangelio la cuestión es completamente distinta. Cristo dice: «*No temas, pequeño rebaño*, porque vuestro Padre se ha complacido en daros su reino» (*Lucas* 12,32). Pienso que con estas palabras Cristo responde mejor a los problemas que turban a algunos, y que quedan expresados en su pregunta. Pero Jesús va incluso más lejos: «El Hijo del hombre, cuando venga en la Parusía, ¿encontrará fe sobre la tierra?» (cfr. *Lucas* 18,18).

Tanto esta pregunta como la expresión precedente sobre el pequeño rebaño indican el profundo realismo por el que se guiaba Jesús en lo referente a Sus apóstoles. *No los preparaba para éxitos fáciles*. Hablaba claramente, hablaba de las persecuciones que les esperaban a Sus confesores. Al mismo tiempo *iba construyendo la certeza de la fe.*

«Al Padre le complació dar el Reino» a aquellos doce hombres de Galilea, y por medio de ellos a toda la humanidad. Les amonestaba diciendo que en el camino de su misión, hacia la que los dirigía, les esperaban contrariedades y persecuciones, porque Él mismo había sido perseguido: «Si me han perseguido a mí, os perseguirán también a vosotros»; pero inmediatamente añadía: «Si han observado mi palabra, observarán también la vuestra» (*Juan* 15,20).

Desde joven yo advertía que estas palabras contienen la esencia misma del Evangelio. *El Evangelio no es la promesa de éxitos fáciles*. No promete a nadie una vida cómoda. Es exigente. Y al mismo tiempo es *una Gran Promesa*: la promesa de la vida eterna para el hombre, sometido a la ley de la muerte; la promesa de la victoria, por medio de la fe, a ese hombre atemorizado por tantas derrotas.

En el Evangelio está contenida una *fundamental paradoja*: para encontrar la vida, hay que perder la vida; para nacer, hay que morir; para salvarse, hay que cargar con la Cruz. Ésta es la verdad esencial del Evangelio, que siempre y en todas partes chocará contra la protesta del hombre.

Siempre y en todas partes el Evangelio será un desafío para la debilidad humana. En ese desafío está toda su fuerza. Y el hombre, quizá, espera en su subconsciente un desafío semejante; *hay en él la necesidad de superarse a sí mismo*. Sólo superándose a sí mismo el hombre es plenamente hombre (Blas Pascal, *Pensées*, n. 434: *Apprenez que l'homme passe infiniment l'homme*: «Sabed que el hombre supera infinitamente al hombre»).

Ésta es la verdad más profunda sobre el hombre. *El primero que la conoce es Cristo*. Él sabe verdaderamente «lo que hay en cada hombre» (*Juan* 2,25). Con Su Evangelio ha indicado cuál es la íntima verdad del hombre. La ha señalado en primer lugar con Su Cruz. Pilato que, señalando al Nazareno coronado de espinas después de la flagelación, dijo: «¡He aquí al hombre!» (*Juan* 19,5), no se daba cuenta de que estaba proclamando una verdad esencial, de que estaba expresando lo que siempre y en todas partes sigue siendo el contenido de la evangelización.

18

EL RETO DE LA NUEVA EVANGELIZACIÓN

PREGUNTA

Le pediría que se detuviera un poco en esta última expresión, que reaparece con frecuencia en Sus enseñanzas, en sus exhortaciones: la «evangelización», mejor aún, la «nueva evangelización», parece ser para el Papa la tarea principal, y más urgente, del católico de este final del siglo xx.

RESPUESTA

En efecto, la llamada a un gran relanzamiento de la *evangelización* vuelve de diversas maneras a la vida actual de la Iglesia. Aunque la verdad es que nunca ha estado ausente: «¡Ay de mí si no predicase el Evangelio!» (1 *Corintios* 9,16). Esta expresión de Pablo de Tarso ha sido válida en todas las épocas de la historia de la Iglesia. Él mismo, fariseo convertido, se sintió continuamente perseguido por ese «¡ay!». El mundo mediterráneo en el que vivió oyó sus palabras, la Buena Nueva de la salvación en Jesucristo. Y aquel mundo comenzó a reflexionar sobre el significado de tal mensaje. Fueron muchos los que siguieron al apóstol. No se debe olvidar nunca la misteriosa llamada que indujo a san Pablo a superar los confines entre Asia Menor y Europa (cfr. *Hechos de los Apóstoles* 16,9-10). Entonces tuvo inicio la *primera evangelización de Europa.*

El encuentro del Evangelio con el mundo helénico mostró ser fructuosísimo. Entre los oyentes que Pablo consiguió reunir en su entorno, merecen particular atención los que acudieron a escucharle en el areópago ateniense. Haría falta ahora analizar el *Discurso de san Pablo en el areópago*, una obra maestra en su género. Lo que el apóstol dice y el modo en que lo dice manifiestan todo su genio evangelizador. Sabemos que aquel día acabó en fracaso. Mientras Pablo habló de un Dios desconocido los que le escuchaban le atendieron, porque advertían en sus palabras algo que correspondía a su religiosidad; pero cuando mencionó la Resurrección, reaccionaron inmediatamente protestando. El apóstol comprendió entonces que costaría abrir el camino para que el misterio de la salvación en Cristo entrara en las mentes de los griegos, habituados a la mitología y a diversas formas de especulación filosófica. Sin embargo, no se rindió. Derrotado en Atenas, reanudó con *santa tozudez* el anuncio del Evangelio a toda criatura. Esta santa obstinación le condujo al fin a Roma, donde encontró la muerte.

El Evangelio fue así llevado fuera del estrecho ámbito de Jerusalén y de Palestina, y empezó su carrera hasta los *alejados confines del mundo de entonces*. Lo que Pablo anunciaba a viva voz, lo confirmaba luego con sus cartas. Cartas que testimoniaban el hecho que el apóstol dejaba tras de sí, por cualquier sitio donde fuera: las comunidades llenas de vitalidad en las que no cesaba de estar presente como testigo de Cristo crucificado y resucitado.

La evangelización llevada a cabo por los apóstoles puso los fundamentos para la construcción del edificio espiritual de la Iglesia, convirtiéndose en *germen* y, en cierto sentido, en *modelo* válido para cualquier época. Sobre las huellas de los apóstoles, sus discípulos continuaron la obra evangelizadora en la segunda y en la tercera generación. Aquélla fue la *época heroica*, la época de san Ignacio de Antioquía, de san Policarpo y de tantos otros mártires insignes.

La evangelización no es solamente la enseñanza viva de la Iglesia, el primer anuncio de la fe (*kérygma*) y la instrucción, la formación en la fe (la catequesis), sino que es también todo el *vasto esfuerzo de reflexión sobre la verdad revelada*, que se ha expresado desde el comienzo en la *obra de los Padres* de Oriente y de Occidente y que, cuando hubo que confrontar esa verdad con las elucubraciones gnósticas y con las varias herejías nacientes, fue polémica.
Evangelización ha sido la actividad de los diversos concilios. Probablemente, en los primeros siglos, si no hubiese tenido lugar el encuentro con el mundo helénico, habría bastado con el Concilio de Jerusalén, que celebraron los mismos apóstoles hacia el año 50 (cfr. *Hechos de los Apóstoles*, 15). Los sucesivos concilios ecuménicos surgieron de la necesidad de expresar la verdad de la fe revelada con un *lenguaje comunicativo y convincente* para los hombres que vivían en el ámbito de la civilización helénica.

Todo esto forma parte de la *historia de la evangelización*, una historia que se ha desarrollado en el *encuentro con la cultura de cada época*. A los Padres de la Iglesia debe reconocérseles un papel fundamental en la evangelización del mundo, además de en la formación de las bases de la doctrina teológica y filosófica durante el primer milenio. Cristo había dicho: «Id y predicad por todo el mundo» (*Marcos* 16,15). A medida que el mundo conocido por el hombre se engrandecía, también la Iglesia afrontaba nuevas tareas de evangelización.
El primer milenio supuso el encuentro con muchos pueblos que, en sus migraciones, llegaban a los centros del cristianismo. En ellos acogieron la fe, se hicieron cris-

tianos, aunque con bastante frecuencia no estaban en condiciones de comprender del todo la formulación del Misterio. Así, muchos se deslizaron hacia el arrianismo, que negaba la igualdad del Hijo con el Padre, y lucharon por la victoria de esa herejía en el mundo cristiano. No fueron sólo disputas ideológicas; se trataba de una continua lucha por la afirmación del Evangelio mismo. Y constantemente, a través de aquellas controversias, resonaba la voz de Cristo: «Id por todo el mundo y enseñad a todas las naciones» (cfr. *Mateo* 28,19). *¡Ad gentes!*: es sorprendente la *eficacia* de estas palabras del Redentor del mundo.

Uno de los más grandes acontecimientos en la historia de la evangelización fue sin duda alguna la misión de los dos hermanos provenientes de Tesalónica, los santos Cirilo y Metodio. Fueron los apóstoles de los eslavos: llevaron el Evangelio y al mismo tiempo pusieron los fundamentos de las culturas eslavas. En cierta medida, estos pueblos les son deudores de una lengua litúrgica y literaria. Ambos trabajaron en el siglo IX entre Constantinopla y Roma. Y lo hicieron en nombre de la unidad de la Iglesia de Oriente y de Occidente, a pesar de que esa unidad comenzaba entonces a deshacerse. El patrimonio de su evangelización ha permanecido en las vastas regiones de la Europa central y meridional, y tantas naciones eslavas, aún hoy, reconocen en ellos no solamente a los maestros de la fe, sino también a los padres de la cultura.

Una nueva y gran oleada de evangelización partirá, a fines del siglo XV, sobre todo de España y de Portugal. Esto es tanto más extraordinario cuanto que precisamente en aquel período, después del llamado cisma de Oriente en el siglo XI, se estaba consumando la dramática escisión de Occidente. El gran esplendor medieval del papado quedaba ya atrás; la Reforma protestante tomaba cuerpo de modo imparable. A pesar de eso, en el momento en que la Iglesia romana perdía pueblos al norte de los Alpes, la Providencia le abría nuevas perspectivas. Con el *descubrimiento de América* se preparaba la obra de evangelización de todo aquel continente, de norte a sur. Hace poco hemos celebrado el Quinto Centenario de aquella evangelización, con la intención no sólo de recordar un hecho del pasado, sino de preguntarnos por los compromisos actuales a la luz de la obra realizada por los heroicos misioneros, especialmente religiosos, en todo el continente americano.

El afán misionero, que se manifestó más allá del océano con el descubrimiento del nuevo continente, no dejó de despertar además iniciativas eclesiales hacia Oriente. El siglo xvi es también el siglo de san Francisco Javier, el cual, precisamente allí, en el Este, en la India y en Japón, buscó la meta de su actividad misionera, que fue eficacísima, a pesar de encontrar fuerte resistencia por parte de las culturas que aquellos grandes pueblos habían desarrollado a lo largo de milenios. Se hacía necesario dedicarse a la obra de *culturación*, como proponía el padre Mateo Ricci, el apóstol de China, si se quería que el cristianismo alcanzase con profundidad el ánimo de esos pueblos. He recordado ya que Asia es cristiana solamente en un pequeño tanto por ciento; no obstante, este «pequeño rebaño» participa ciertamente del Reino transmitido por el Padre a los apóstoles por medio de Cristo. Y es sorprendente la *vitalidad de algunas Iglesias asiáticas*; una vez más, es fruto de la persecución. Esto es así, en particular, para Corea, Vietnam y, en el último período, también para China.

La conciencia de que la Iglesia entera se encuentra *in statu missionis* (en estado de misión) se manifestó con fuerza en el siglo pasado y se manifiesta también en el presente, en primer lugar entre las antiguas Iglesias de Europa occidental. Baste pensar que en el pasado, por ejemplo en Francia, de algunas diócesis partían para las misiones la mitad de los sacerdotes.

La Encíclica *Redemptoris missio*, publicada hace poco, abarca este pasado lejano y cercano, que comienza con el areópago de Atenas, hasta nuestro tiempo, en que se han multiplicado otros areópagos semejantes. La Iglesia evangeliza, la Iglesia anuncia a Cristo, que es Camino, Verdad y Vida; Cristo, único mediador entre Dios y los hombres. Y, a pesar de las debilidades humanas, la Iglesia es incansable en este anuncio. La gran oleada misionera, la que tuvo lugar en el siglo pasado, se dirigió hacia todos los continentes y, en particular, hacia el *continente africano*. Hoy en ese continente tenemos mucha tarea que hacer con una Iglesia indígena ya formada. Son ya numerosas las generaciones de obispos de color. África se convierte en un continente de vocaciones misioneras. Y las vocaciones –gracias a Dios– no faltan. Todo lo que disminuyen en Europa, otro tanto aumentan allí, en África, en Asia.

Quizá algún día se revelen verdaderas las palabras del cardenal Hyacinthe Thiandoum, que planteaba la posibilidad de evangelizar el Viejo Mundo con misioneros negros y de color. Y de nuevo hay que preguntarse si no será ésta una prueba más de la *permanente vitalidad de la Iglesia*. Hablo de eso para echar así una luz distinta sobre la pregunta un poco inquietante acerca del número de cristianos, de católicos en particular. De verdad que *no hay motivo para el derrotismo*. Si el mundo no es católico desde el punto de vista confesional, ciertamente está penetrado, muy profundamente, por el Evangelio. Se puede incluso decir que, en cierto modo, está presente en él de modo invisible el misterio de la Iglesia, Cuerpo de Cristo.

La Iglesia renueva cada día, contra el espíritu de este mundo, una lucha que no es otra cosa que la *lucha por el alma de este mundo.* Si de hecho, por un lado, en él están presentes el Evangelio y la evangelización, por el otro hay *una poderosa antievangelización*, que dispone de medios y de programas, y se opone con gran fuerza al Evangelio y a la evangelización. La lucha por el alma del mundo contemporáneo es enorme allí donde el espíritu de este mundo parece más poderoso. En este sentido, la *Redemptoris missio* habla de *modernos areópagos*, es decir, de nuevos púlpitos. Estos areópagos son hoy el mundo de la ciencia, de la cultura, de los medios de comunicación; son los ambientes en que se crean las elites intelectuales, los ambientes de los escritores y de los artistas.

La evangelización renueva su encuentro con el hombre, está *unida al cambio generacional.* Mientras pasan las generaciones que se han alejado de Cristo y de la Iglesia, que han aceptado el modelo laicista de pensar y de vivir, o a las que ese modelo les ha sido impuesto, la Iglesia mira siempre hacia el futuro; *sale,* sin detenerse nunca, *al encuentro de las nuevas generaciones.* Y se muestra con toda claridad que las nuevas generaciones acogen con entusiasmo lo que sus padres parecían rechazar.

¿Qué significa esto? Significa que *Cristo es siempre joven.* Significa que el Espíritu Santo obra incesantemente. ¡Qué elocuentes son las palabras de Cristo!: «¡Mi Padre obra siempre y yo también obro!» (*Juan* 5,17). El Padre y el Hijo obran en el Espíritu Santo, que es el Espíritu de verdad, y la verdad no cesa de ser fascinante para el hombre, especialmente para los corazones jóvenes. No nos podemos detener, pues, en las meras estadísticas. Para Cristo lo importante son las obras de caridad. La Iglesia, a pesar de todas las pérdidas que sufre, *no cesa de mirar con esperanza hacia el futuro.* Tal esperanza es un signo de la fuerza de Cristo. *Y la potencia del Espíritu siempre se mide con el metro de estas palabras apostólicas: «¡Ay de mí si no predicase el Evangelio!»* (1 *Corintios* 9,16).

Diez años después del Concilio fue convocado el *Sínodo de los Obispos para el tema de la evangelización*. Su fruto fue la Exhortación apostólica de Pablo VI *Evangelii nuntiandi*. No es una encíclica, pero su valor intrínseco supera quizá al de muchas encíclicas. Esa exhortación, puede decirse, constituye la interpretación del magisterio conciliar sobre lo que es tarea esencial de la Iglesia: «¡Ay de mí si no predicase el Evangelio!»

En el mundo contemporáneo se siente una especial necesidad del Evangelio, ante la perspectiva ya cercana del año 2000. Se advierte tal necesidad de modo especial, quizá porque el mundo parece alejarse del Evangelio, o bien porque aún no ha llegado a ese mundo. La *primera hipótesis* –el alejamiento del Evangelio– mira sobre todo al «Viejo Mundo», especialmente a Europa; la *segunda posibilidad* mira al continente asiático, al Extremo Oriente y a África. Si a partir de la *Evangelii nuntiandi* se repite la expresión *nueva evangelización*, eso es solamente en el sentido de los *nuevos retos que el mundo contemporáneo plantea a la misión de la Iglesia*.

Es sintomático que la *Redemptoris missio* hable de una *nueva primavera de la evangelización*, y es aún más significativo el hecho de que esta Encíclica haya sido acogida con gran satisfacción, incluso con entusiasmo, en tantos ambientes. Después de la *Evangelii nuntiandi*, se propone como una nueva síntesis de la enseñanza sobre la evangelización del mundo contemporáneo.

La Encíclica precisa cuáles son los *principales problemas*; llama por su nombre a los *obstáculos* que se acumulan en el camino de la evangelización; aclara algunos *conceptos*, de los que a veces se abusa, especialmente en el lenguaje periodístico; finalmente señala *las partes del mundo*, por ejemplo los países poscomunistas, en las que la verdad del Evangelio es esperada de una manera especial. Para éstos, que son países de largo pasado cristiano, se impone una especie de «re-evangelización».

La nueva evangelización no tiene nada que ver con lo que diversas publicaciones han insinuado, hablando de *restauración*, o lanzando la palabra *proselitismo* en tono de acusación, o echando mano de conceptos como *pluralismo* y *tolerancia*, entendidos unilateral y tendenciosamente. Una profunda lectura de la Declaración conciliar *Dignitatis humanae* sobre la libertad religiosa ayudaría a esclarecer tales problemas, y también a disipar los temores que se intenta despertar, quizá con el fin de arrancar a la Iglesia el coraje y el empuje para acometer su misión evangelizadora. *Y esa misión pertenece a la esencia de la Iglesia.* El Concilio Vaticano II hizo una declaración de principios afirmando que «la Iglesia [...] es por naturaleza misionera» (*Ad Gentes*, 2).

Aparte de esas objeciones, que se refieren a la evangelización en cuanto tal y a sus posibilidades en el mundo contemporáneo, aparecieron otras más bien concernientes a los *modos* y *métodos de evangelización*. En 1989 en *Santiago de Compostela*, en España, se desarrolló la Jornada Mundial de la Juventud. La respuesta de los jóvenes, sobre todo de los europeos, fue extraordinariamente calurosa. La antiquísima ruta de las peregrinaciones al santuario de Santiago apóstol vibró nuevamente de vida. Es sabida la importancia que este santuario –y en general las peregrinaciones– tuvo para el cristianismo; en concreto, es conocido su papel en la formación de la identidad cultural de Europa. Pero casi a la vez que este significativo evento, se alzaron voces que decían que *«el sueño de Compostela»* pertenecía ya, de modo irrevocable, al pasado, y que la Europa cristiana se había convertido en un fenómeno histórico que había que relegar ya a los archivos. Mueve a reflexión un miedo semejante, frente a la nueva evangelización, por parte de algunos ambientes que dicen representar la opinión pública.

En el contexto de la nueva evangelización es muy elocuente el actual *descubrimiento de los auténticos valores de la llamada religiosidad popular*. Hasta hace algún tiempo se hablaba de ellos en un tono bastante despreciativo. Algunas de sus formas de expresión están, por el contrario, viviendo en nuestros tiempos un *verdadero renacimiento*, por ejemplo, el movimiento de peregrinaciones por rutas antiguas y nuevas. Así, al testimonio inolvidable del encuentro en Santiago de Compostela (1989) se añadió luego la experiencia de Jasna Góra, en *Czestochowa* (1991). Sobre todo las generaciones jóvenes van encantadas en peregrinación; y esto no sólo en nuestro Viejo Continente, sino también en los Estados Unidos, donde, a pesar de no tener una tradición de peregrinaciones a santuarios, el encuentro mundial de jóvenes en Denver (1993) reunió a unos cuantos cientos de miles de jóvenes confesores de Cristo.

Hoy se da, pues, la clara *necesidad de una nueva evangelización. Existe la necesidad de un anuncio evangélico que se haga peregrino junto al hombre, que se ponga en camino con la joven generación.* ¿Tal necesidad no es ya en sí misma un *síntoma del año 2000, que se está acercando?* Cada vez más a menudo los peregrinos miran hacia Tierra Santa, hacia Nazaret, Belén y Jerusalén. El pueblo de Dios de la Antigua y de la Nueva Alianza vive en las nuevas generaciones y, al finalizar este siglo xx, tiene la misma *conciencia de Abraham, el cual siguió la voz de Dios que lo llamaba a emprender la peregrinación de la fe.* ¿Qué palabra oímos con más frecuencia en el Evangelio sino ésta?: «Sígueme» (*Mateo* 8,22). Esa palabra llama a los hombres de hoy, especialmente a los jóvenes, a ponerse en camino por las rutas del Evangelio en dirección a un mundo mejor.

19

JÓVENES:
¿REALMENTE UNA ESPERANZA?

PREGUNTA

Los jóvenes son siempre los privilegiados en la afectuosa atención del Santo Padre, quien con frecuencia repite que la Iglesia los mira con especial esperanza para la nueva evangelización.

Santidad, ¿es fundada esta esperanza? ¿No estaremos más bien ante la siempre renovada ilusión de nosotros los adultos de que la nueva generación será mejor que la nuestra y que todas las precedentes?

RESPUESTA

Abre usted aquí un enorme campo para el análisis y para la meditación. *¿Cómo son los jóvenes de hoy, qué buscan?* Se podría decir que son los de siempre. Hay algo en el hombre que no experimenta cambios, como ha recordado el Concilio en la *Gaudium et Spes* (n. 10). Esto queda confirmado en la juventud quizá más que en otras edades. Sin embargo, esto no quita que los jóvenes de hoy sean distintos de los que los han precedido. En el pasado, las jóvenes generaciones se formaron en las dolorosas experiencias de la guerra, en los campos de concentración, en un constante peligro. Tales experiencias despertaban también en los jóvenes –y pienso en cualquier parte del mundo, aunque esté recordando ahora a la juventud polaca– los *rasgos de un gran heroísmo*.

Baste recordar la rebelión de Varsovia en 1944: el deses-
perado arrojo de mis compatriotas, que no escatimaron
sus fuerzas, que entregaron sus jóvenes vidas como a una
hoguera ardiente. Querían demostrar que estaban madurando ante la gran y difícil herencia que habían recibido.
También yo pertenezco a esa generación, y pienso que *el
heroísmo de mis compatriotas me ha sido de ayuda para
determinar mi personal vocación*. El padre Konstanty Michalski, uno de los grandes profesores de la Universidad
de Jagel en Cracovia, al volver del campo de concentración de Sachsenhausen, escribió un libro titulado *Entre el
heroísmo y la bestialidad*. Este título traduce bien el clima
de la época. El mismo Michalski, a propósito de fray Alber-
to Chmielowski, recordaba la frase evangélica según la
cual «hay que dar el alma» (cfr. *Juan* 15,13). Precisamente
en aquel período de tanto desprecio por el hombre como
quizá nunca lo había habido, cuando una vida humana no
valía nada, precisamente entonces la vida de cada uno se
hizo preciosa, adquirió el valor de un don gratuito.

En esto, *ciertamente, los jóvenes de hoy crecen en un contexto distinto*, no llevan dentro de sí las experiencias de la
Segunda Guerra Mundial. Muchos, además, no han conocido –o no lo recuerdan– las luchas contra el sistema comunista, contra el Estado totalitario. Viven en la libertad,
conquistada para ellos por otros, y en gran medida han ce-
dido a la civilización del consumo. Éstos son los *paráme-
tros*, evidentemente sólo esbozados, *de la situación actual*.

A pesar de eso, es difícil saber si la juventud rechaza los
valores tradicionales, si abandona la Iglesia. Las experiencias de los educadores y de los pastores *confirman, hoy no
menos que ayer, el idealismo característico de esta edad*,
aunque actualmente se exprese, quizá, en forma sobre
todo crítica, mientras que en otro tiempo se traducía más

sencillamente en compromiso. En general, se puede afirmar que las nuevas generaciones crecen ahora principalmente *en un clima de nueva época positivista*, mientras que por ejemplo en Polonia, cuando yo era muchacho, dominaban las *tradiciones románticas*. Los jóvenes con los que entré en contacto nada más ser consagrado sacerdote crecieron en ese clima. En la Iglesia y en el Evangelio veían un punto de referencia en torno al que concentrar el esfuerzo interior, para formar la propia vida de modo que tuviese sentido. Recuerdo todavía las conversaciones con aquellos jóvenes, que expresaban precisamente así su relación con la fe.

La principal experiencia de aquel período, cuando mi tarea pastoral se centraba sobre todo en ellos, fue *el descubrimiento de la esencial importancia de la juventud*. ¿Qué es la juventud? No es solamente un período de la vida correspondiente a un determinado número de años, sino que es, a la vez, *un tiempo dado por la Providencia a cada hombre, tiempo que se le ha dado como tarea*, durante el cual busca, como el joven del Evangelio, la respuesta a los interrogantes fundamentales; no sólo el sentido de la vida, sino también un plan concreto para comenzar a construir su vida. Ésta es la característica esencial de la juventud. Además del sacerdote, cada educador, empezando por los padres, debe conocer bien esta característica, y debe saberla reconocer en cada muchacho o muchacha; digo más, debe *amar lo que es esencial para la juventud*.

Si en cada época de su vida el hombre desea afirmarse, encontrar el amor, en ésta lo desea de un modo aún más intenso. El deseo de afirmación, sin embargo, no debe ser entendido como una legitimación de todo, sin excepciones. Los jóvenes no quieren eso; están también dispuestos a ser reprendidos, quieren que se les diga sí o no. *Tienen necesidad de un guía*, y quieren tenerlo muy cerca. Si recurren a personas con autoridad, lo hacen porque las suponen ricas de calor humano y capaces de andar con ellos por los caminos que están siguiendo.

Resulta, pues, obvio que el *problema esencial de la juventud es profundamente personal*. La juventud es el período de la personalización de la vida humana. Es también el período de la *comunión*: los jóvenes, sean chicos o chicas, saben que tienen que vivir para los demás y con los demás, saben que su vida *tiene sentido en la medida en que se hace don gratuito para el prójimo*. Ahí tienen origen todas las vocaciones, tanto las sacerdotales o religiosas, como las vocaciones al matrimonio o a la familia. También la llamada al matrimonio es una vocación, un don de Dios. *Nunca olvidaré a un muchacho, estudiante del politécnico de Cracovia, del que todos sabían que aspiraba con decisión a la santidad.* Ése era el programa de su vida; sabía que había sido «creado para cosas grandes», como dijo una vez san Estanislao de Kostka. Y al mismo tiempo ese muchacho no tenía duda alguna de que su vocación no era ni el sacerdocio ni la vida religiosa; sabía que tenía que seguir siendo laico. Le apasionaba el trabajo profesional, los estudios de ingeniería. Buscaba una compañera para su vida y la buscaba de rodillas, con la oración. No podré olvidar una conversación en la que, después de un día especial de retiro, me dijo: «Pienso que ésta debe ser mi mujer, es Dios quien me la da.» Como si no siguiera las voces del propio gusto, sino en primer lugar la voz de Dios. Sabía que de Dios viene todo bien, e hizo una buena elección. Estoy hablando de Jerzy Ciesielski, desaparecido en un trágico incidente en Sudán, donde había sido invitado para enseñar en la universidad, y cuyo proceso de beatificación ha sido ya iniciado.

Esta vocación al amor es, de modo natural, el elemento más íntimamente unido a los jóvenes. Como sacerdote, me di cuenta muy pronto de esto. Sentía úna llamada interior en esa dirección. Hay que preparar a los jóvenes para el matrimonio, hay que *enseñarles el amor*. El amor no es cosa que se aprenda, ¡y sin embargo no hay nada que sea más necesario enseñar! *Siendo aún un joven sacerdote aprendí a amar el amor humano*. Éste es uno de los temas fundamentales sobre el que centré mi sacerdocio, mi ministerio desde el púlpito, en el confesonario, y también a través de la palabra escrita. Si se ama el amor humano, nace también la viva necesidad de dedicar todas las fuerzas a la búsqueda de un «amor hermoso».

Porque el amor es hermoso. Los jóvenes, en el fondo, buscan siempre la belleza del amor, quieren que su amor sea bello. Si ceden a las debilidades, imitando modelos de comportamiento que bien pueden calificarse como «un escándalo del mundo contemporáneo» (y son modelos desgraciadamente muy difundidos), en lo profundo del corazón desean un amor hermoso y puro. Esto es válido tanto para los chicos como para las chicas. En definitiva, saben que nadie puede concederles un amor así, fuera de Dios. Y, por tanto, están dispuestos a seguir a Cristo, sin mirar los sacrificios que eso pueda comportar.

En los años en que yo mismo era un joven sacerdote y pastor, me formé esta imagen de los jóvenes y de la juventud, que me ha seguido a lo largo de todos los años posteriores. Imagen que me permite también encontrar a los chicos en cualquier sitio al que vaya. Todo párroco de Roma sabe que la visita a las parroquias debe concluir con un encuentro del Obispo de Roma con los jóvenes. Y no solamente en Roma, sino en cualquier parte a la que el Papa vaya *busca a los jóvenes, y en todas partes es buscado por los jóvenes. Aunque, la verdad es que no es a él a quien buscan. A quien buscan es a Cristo*, que «sabe lo que hay en cada hombre» (*Juan* 2,25), especialmente en un hombre joven, ¡y sabe dar las verdaderas respuestas a sus preguntas! Y si son respuestas exigentes, los jóvenes no las rehuyen en absoluto; se diría más bien que las esperan.

Se explica así también la génesis de las jornadas mundiales de los jóvenes. Inicialmente, con ocasión del Año Jubilar de la Redención y luego con el Año Internacional de la Juventud, convocado por la Organización de las Naciones Unidas (1985), los jóvenes fueron invitados a Roma. Y éste fue el comienzo. *Nadie ha inventado las jornadas mundiales de los jóvenes. Fueron ellos quienes las crearon.* Esas jornadas, esos encuentros, se convirtieron desde entonces en una necesidad de los jóvenes en todos los lugares del mundo. Las más de las veces han sido una gran sorpresa para los sacerdotes, e incluso para los obispos. Superaron todo lo que ellos mismos se esperaban.

Estas jornadas mundiales se han convertido también en un fascinante y gran testimonio que los jóvenes se dan a sí mismos, han llegado a ser un poderoso medio de evangelización. *En los jóvenes hay un inmenso potencial de bien, y de posibilidades creativas.* Cuando me encuentro con ellos, en cualquier lugar del mundo, *espero en primer lugar todo lo que ellos quieran decirme,* de su sociedad, de su Iglesia. Y siempre les hago tomar conciencia de esto: «No es más importante, en absoluto, lo que yo os vaya a decir; lo importante es lo que vosotros me digáis. Me lo diréis no necesariamente con palabras; lo diréis con vuestra presencia, con vuestras canciones, quizá incluso con vuestros bailes, con vuestras representaciones; en fin, con vuestro entusiasmo.»

Tenemos necesidad del entusiasmo de los jóvenes. Tenemos necesidad de la alegría de vivir que tienen los jóvenes. En ella se refleja algo de la alegría original que Dios tuvo al crear al hombre. Esta alegría es la que experimentan los jóvenes en sí mismos. Es igual en cada lugar, pero es también siempre nueva, original. Los jóvenes la saben expresar a su modo. *No es verdad que sea el Papa quien lleva a los jóvenes de un extremo al otro del globo terráqueo. Son ellos quienes le llevan a él.* Y aunque sus años aumentan, ellos le exhortan a ser joven, no le permiten que olvide su experiencia, su descubrimiento de la juventud y la gran importancia que tiene para la vida de cada hombre. Pienso que esto explica muchas cosas.

El día de la inauguración del pontificado, el 22 de octubre de 1978, después de la conclusión de la liturgia, dije a los jóvenes en la plaza de San Pedro: «Vosotros sois la esperanza de la Iglesia y del mundo. Vosotros sois mi esperanza.» Recuerdo constantemente aquellas palabras.

Los jóvenes y la Iglesia. Resumiendo, deseo subrayar que *los jóvenes buscan a Dios*, buscan el sentido de la vida, buscan respuestas definitivas: «¿Qué debo hacer para heredar la vida eterna?» (*Lucas* 10,25). En esta búsqueda no pueden dejar de encontrar la Iglesia. *Y tampoco la Iglesia puede dejar de encontrar a los jóvenes.* Solamente hace falta que la Iglesia posea una profunda comprensión de lo que es la juventud, de la importancia que reviste para todo hombre. *Hace falta también que los jóvenes conozcan la Iglesia, que descubran en ella a Cristo*, que camina a través de los siglos con cada generación, con cada hombre. Camina con cada uno como un amigo. Importante en la vida de un joven es el día en que se convence de que éste es el único Amigo que no defrauda, con el que siempre se puede contar.

20

ÉRASE UNA VEZ EL COMUNISMO

Pregunta

Dios parece callar (el «silencio de Dios» del que algunos han hablado y aún hablan), pero en realidad no cesa de actuar. Eso afirman los que, en los acontecimientos humanos, descubren la realización del enigmático plan de la Providencia.

Ateniéndonos a acontecimientos recientes, Usted, Santidad, ha insistido a menudo en una convicción Suya (recuerdo, por ejemplo, sus palabras en los países bálticos, Su primera visita a territorios ex soviéticos, en el otoño de 1993): en la caída del marxismo ateo se puede descubrir el *digitus Dei*, el «dedo de Dios». Ha aludido con frecuencia a un «misterio», incluso a un «milagro», al hablar de ese colapso, después de setenta años de un poder que parecía que iba a durar siglos.

Respuesta

Cristo dice: «Mi Padre obra siempre y yo también obro» (*Juan* 5,17). ¿A qué se refieren estas palabras? La unión con el Padre, el Hijo y el Espíritu Santo es el elemento constitutivo esencial de la vida eterna. «Ésta es la vida eterna: que te conozcan a Ti [...] y a quien Tú has enviado, Jesucristo» (*Juan* 17,3). Pero cuando Jesús habla del Padre que «obra siempre», no pretende aludir directamente a la eternidad; habla del hecho de que Dios obra en el mundo. *El cristianismo no es solamente una religión del conocimiento, de la contemplación. Es una religión de la acción de Dios y de la acción del hombre*. El gran maestro de la vida mística y de la contemplación, san Juan de la Cruz, al que ya citamos, ha escrito: «A la tarde de la vida seremos examinados en el amor» (cfr. *Dichos de luz y amor*, 59). Jesús ha expresado esta misma verdad del modo más sencillo en el discurso sobre el juicio final, referido por san Mateo en su Evangelio (25, 31-46).

¿Se puede hablar de silencio de Dios? Y si así fuera, ¿cómo interpretar ese silencio?

Sí, en cierto sentido Dios calla, *porque ya lo ha revelado todo*. Habló «en los tiempos antiguos» por medio de los profetas y, «últimamente», por medio del Hijo (cfr. *Hebreos* 1,1-2): en Él ha dicho todo cuanto tenía que decir. El mismo san Juan de la Cruz afirma que Cristo es «como abundante mina con muchos senos de tesoros, que, por más que ahonden, nunca les hallan fin ni término, antes van en cada seno hallando nuevas venas de nuevas riquezas acá y allá» (*Cántico espiritual*, B, 37,4). Es necesario, pues, volver a escuchar la voz de Dios que habla en la historia del hombre. Y si esta palabra no se oye, puede ser porque el oído interior no se abre a ella. En este sentido hablaba Cristo de los que «viendo no ven, y oyendo no oyen» (cfr. *Mateo* 13,13), mientras que tener experiencia de Dios está siempre al alcance de todo hombre, el cual puede acceder a Él en Jesucristo y en virtud del Espíritu Santo.

Hoy, a pesar de las apariencias, son muchos los que encuentran el camino para esa experiencia del *Dios que obra*. Es ésta la gran experiencia de nuestros tiempos, especialmente la de las jóvenes generaciones. ¿Qué otra interpretación podría darse no sólo de todas las *asociaciones* sino de todos los *movimientos* que han florecido en la Iglesia? ¿Qué otra cosa son sino la palabra de Dios que ha sido oída y acogida? ¿Y qué otra cosa es la *experiencia de la reunión de Denver* sino la voz de Dios que ha sido oída por los jóvenes, y en un contexto en el que, humanamente hablando, no se veía posibilidad alguna de éxito, y también porque se estaba haciendo mucho para impedir que esa palabra se oyera?

Esta escucha, este conocimiento, es el origen de la acción; de ahí nace el *movimiento del pensamiento*, el *movimiento del corazón*, el *movimiento de la voluntad*. Dije una vez a los representantes de los movimientos apostólicos que *la Iglesia misma es en primer lugar un «movimiento», una misión*. Es la misión que se inicia en Dios Padre y que, mediante el Hijo en el Espíritu Santo, alcanza siempre de nuevo a la humanidad, y la modela de manera nueva. Sí, el cristianismo es una gran acción de Dios. *La acción de la palabra se transforma en la acción de los Sacramentos.*

¿Qué otra cosa son los Sacramentos (¡todos!) sino la acción de Cristo en el Espíritu Santo? Cuando la Iglesia bautiza, es Cristo quien bautiza; cuando la Iglesia absuelve, es Cristo quien absuelve; cuando la Iglesia celebra la Eucaristía, es Cristo quien la celebra: «Esto es mi Cuerpo.» Y así en todos. Todos los Sacramentos son una acción de Cristo, la acción de Dios en Cristo. Por lo tanto, es verdaderamente *difícil hablar del silencio de Dios*. Se debe más bien hablar de la voluntad de sofocar la voz de Dios.

Sí, este *deseo de sofocar la voz de Dios* está bastante bien programado; muchos hacen cualquier cosa para que no se oiga Su voz, y se oiga solamente la voz del hombre, que no tiene nada que ofrecer que no sea terreno. Y a veces tal oferta lleva consigo la destrucción en proporciones cósmicas. ¿No es ésta la trágica historia de nuestro siglo?

En su pregunta asegura usted que la acción de Dios se ha hecho casi visible en la historia de nuestro siglo con *la caída del comunismo*. Pero conviene evitar una simplificación excesiva. Lo que llamamos comunismo tiene su historia: es la historia de la protesta frente a la injusticia, como he recordado en la encíclica *Laborem exercens*. Una protesta del amplio mundo de los hombres del trabajo, que se convirtió en una ideología. Pero *esa protesta se convirtió también en parte del magisterio de la Iglesia*. Baste recordar la *Rerum novarum*, al final del siglo pasado. Añadamos que el Magisterio *no se limitó a la protesta, sino que lanzó una clarividente mirada hacia el futuro*; León XIII fue quien predijo en cierto sentido la caída del comunismo, una caída que costaría cara a la humanidad y a Europa, *¡porque la medicina* –escribía Él en Su encíclica de 1891– *podría demostrar ser más peligrosa que la enfermedad misma!* Esto decía el Papa con la seriedad y la autoridad propias de la Iglesia docente.

¿Y qué decir de los *tres niños portugueses de Fátima*, que, de improviso, en vísperas del estallido de la Revolución de Octubre, oyeron: «Rusia se convertirá» y «Al final, mi Corazón triunfará»? No pudieron ser ellos quienes inventaron tales predicciones. No sabían historia ni geografía, y sabían aún menos de los movimientos sociales y de la evolución de las ideologías. Y, sin embargo, ha sucedido exactamente cuanto habían anunciado.

Quizá también por eso el Papa fue llamado de «un país lejano», quizá por eso hacía falta que tuviera lugar el atentado en la plaza de San Pedro precisamente el 13 de mayo de 1981, aniversario de la primera aparición de Fátima, para que todo eso se hiciera más transparente y comprensible, para que la voz de Dios, que habla en la historia del hombre mediante «los signos de los tiempos», pudiera ser más fácilmente oída y comprendida.

Esto es, pues, el Padre que obra constantemente, y esto es el Hijo, que también obra, y esto es el invisible Espíritu Santo, que es Amor, y como Amor es incesante acción creadora, salvífica, santificante y vivificante.

Sería, por tanto, sencillísimo decir que ha sido la Divina Providencia la que ha hecho caer el comunismo. El comunismo como sistema, en cierto sentido, se ha caído solo. Se ha caído como consecuencia de sus propios errores y abusos. Ha demostrado ser una *medicina más dañosa que la enfermedad misma*. No ha llevado a cabo una verdadera reforma social, a pesar de haberse convertido para todo el mundo en una poderosa amenaza y en un reto. Pero *se ha caído solo, por su propia debilidad interna.*

«Mi Padre obra siempre y yo también obro» (*Juan* 5,17). La caída del comunismo abre ante nosotros un *panorama retrospectivo sobre el típico modo de pensar y de actuar de la civilización moderna*, especialmente la europea, que ha dado origen al comunismo. Ésta es una civilización que, junto a indudables logros en muchos campos, ha cometido también una gran cantidad de errores y de abusos contra el hombre, explotándolo de innumerables modos. Una civilización que siempre se reviste de estructuras de fuerza y de prepotencia, sea política sea cultural (especialmente con los medios de comunicación social), para imponer a la humanidad entera tales errores y abusos.

¿De qué otro modo explicar, sino, la creciente diferencia entre el rico Norte y el Sur, cada vez más pobre? ¿Quién es el responsable? El responsable es el hombre; son los hombres, las ideologías, los sistemas filosóficos. Diría que el *responsable es la lucha contra Dios, la sistemática eliminación de cuanto hay de cristiano*; una lucha que en gran medida domina desde hace tres siglos el pensamiento y la vida de Occidente. *El colectivismo marxista no es más que una «versión empeorada» de este programa.* Se puede decir que hoy semejante programa se está manifestando en toda su peligrosidad y, al mismo tiempo, con toda su debilidad.

Dios, en cambio, es fiel a su Alianza. Alianza que selló con la humanidad en Jesucristo. No puede ya volverse atrás, habiendo decidido de una vez por todas que el destino del hombre es la vida eterna y el Reino de los Cielos. *¿Cederá el hombre al amor de Dios, reconocerá su trágico error?* ¿Cederá el príncipe de las tinieblas, que es «padre de la mentira» (*Juan* 8,44), que continuamente acusa a los hijos de los hombres como en otro tiempo acusó a Job? (cfr. *Job* 1,9 y ss.) Probablemente no cederá, pero quizá sus argumentos pierdan fuerza. Quizá la humanidad se vaya haciendo poco a poco más sencilla, vaya abriendo de nuevo los oídos para escuchar la palabra, con la que Dios lo ha dicho todo al hombre.

Y en esto no habrá nada de humillante; el hombre puede aprender de sus propios errores. También la humanidad puede hacerlo, en cuanto Dios la conduzca a lo largo de los tortuosos caminos de su historia; y Dios no cesa de obrar de este modo. *Su obra esencial seguirá siendo siempre la Cruz y la Resurrección de Cristo.* Ésta es la palabra definitiva de la verdad y del amor. Ésta es también la incesante fuente de la acción de Dios en los Sacramentos, como lo es en otras vías sólo conocidas por Él. Es una acción que pasa a través del corazón del hombre y a través de la historia de la humanidad.

21

¿SÓLO ROMA TIENE RAZÓN?

PREGUNTA

Volvamos a esos tres niveles de la fe católica, unidos entre sí de modo inseparable, y de los que hablamos en la cuarta pregunta. Entre estas realidades ya señalamos a Dios y a Jesucristo; ahora es el momento de llegar a la Iglesia.

Se ha comprobado que la mayoría de las personas, incluso en Occidente, creen en Dios, o al menos en «algún» Dios. El ateísmo motivado, declarado, ha sido siempre, y parece serlo todavía, un asunto de elite, de intelectuales. En cuanto a creer que ese Dios se haya «encarnado» en Jesús –o al menos «manifestado» de algún modo singular–, también lo creen muchos.

Pero ¿y en la Iglesia? ¿En la Iglesia católica en concreto? Muchos parecen hoy rebelarse ante la pretensión de que sólo en ella haya salvación. Aunque sean cristianos, a veces incluso católicos, son muchos los que se preguntan: ¿Por qué, entre todas las Iglesias cristianas, tiene que ser la católica la única en poseer y enseñar la plenitud del Evangelio?

RESPUESTA

Aquí, en primer lugar, hay que explicar cuál es la *doctrina sobre la salvación y sobre la mediación de la salvación*, que siempre proviene de Dios. «Uno solo es Dios y uno solo también el mediador entre Dios y los hombres, el hombre Cristo Jesús» (cfr. 1 *Timoteo* 2,5). «En ningún otro

nombre hay salvación» (cfr. *Hechos de los Apóstoles* 4,12).

Por eso es verdad revelada que *la salvación está sola y exclusivamente en Cristo*. De esta salvación la Iglesia, en cuanto Cuerpo de Cristo, es un simple instrumento. En las primeras palabras de la *Lumen gentium*, la Constitución conciliar sobre la Iglesia, leemos: «La Iglesia es en Cristo como un sacramento, o signo e instrumento de la unión íntima con Dios y de la unidad de todo el género humano» (n. 1). Como pueblo de Dios, la Iglesia es pues al mismo tiempo Cuerpo de Cristo.

El último Concilio explicó con toda profundidad el *misterio de la Iglesia*: «El Hijo de Dios, uniendo consigo la naturaleza humana y venciendo la muerte con Su muerte y Resurrección, redimió al hombre y lo transformó en una nueva criatura (cfr. *Gálatas* 6,15; 2 *Corintios* 5,17). Al comunicar Su Espíritu hace que Sus hermanos, llamados de entre todas las gentes, constituyan Su cuerpo místico» (*LG* n. 7). Por eso, según la expresión de san Cipriano, la Iglesia universal se presenta como «un pueblo unido bajo la unidad del Padre, del Hijo y del Espíritu Santo» (*De Oratione Dominica*, 23). Esta vida, que es la vida de Dios y la vida en Dios, es la realización de la Salvación. *El hombre se salva en la Iglesia en cuanto que es introducido en el Misterio trinitario de Dios*, es decir, en el misterio de la íntima vida divina.

No se debe entender eso deteniéndose exclusivamente en el aspecto visible de la Iglesia. La Iglesia es más bien un *organismo*. Esto es lo que expresó san Pablo en su genial intuición del Cuerpo de Cristo (cfr. *Colosenses* 1,18).

«Así todos nosotros nos convertimos en miembros de ese Cuerpo (cfr. 1 *Corintios* 12,27) [...], e individualmente somos miembros los unos de los otros (*Romanos* 12,5) [...] También en la estructura del Cuerpo místico existe una diversidad de miembros y de oficios (1 *Corintios* 12,1-11).

Uno es el Espíritu, el cual para la utilidad de la Iglesia distribuye la variedad de sus dones con una magnificencia proporcionada a su riqueza y a la necesidad de los ministerios» (*LG* n. 7).

Así pues, el Concilio está lejos de proclamar ningún tipo de *eclesiocentrismo*. El magisterio conciliar es *cristocéntrico* en todos sus aspectos y, por eso, está profundamente enraizado en el Misterio trinitario. En el centro de la Iglesia se encuentra siempre a Cristo y Su Sacrificio, celebrado, en cierto sentido, sobre el altar de toda la creación, sobre el altar del mundo. Cristo «es engendrado antes que toda criatura» (cfr. *Colosenses* 1,15), mediante Su Resurrección es también «el primogénito de los que resucitan de entre los muertos» (*Colosenses* 1,18). En torno a Su Sacrificio redentor se reúne toda la creación, que está madurando sus eternos destinos en Dios. Si tal maduración se obra en el dolor, está, sin embargo, llena de esperanza, como enseña san Pablo en la *Carta a los Romanos* (cfr. 8,23-24).

En Cristo *la Iglesia es católica*, es decir, universal. Y no puede ser de otro modo: «En todas las naciones de la tierra está enraizado un único Pueblo de Dios, puesto que de en medio de todas las estirpes ese Pueblo reúne a los ciudadanos de Su Reino, no terreno sino celestial. Todos los fieles dispersos por el mundo se comunican con los demás en el Espíritu Santo, y así "quien habita en Roma sabe que los habitantes de la India son miembros suyos".» Leemos en el mismo documento, uno de los más importantes del Vaticano II: «En virtud de esta catolicidad, cada una de estas partes aporta sus propios dones a las otras partes y a toda la Iglesia, de este modo el todo y cada una de las partes quedan reforzadas, comunicándose cada una con las otras y obrando concordemente para la plenitud de la unidad» (*LG* n. 13).

En Cristo la Iglesia es, en muchos sentidos, una comunión. Su carácter de comunión la hace semejante a la divina comunión trinitaria del Padre y del Hijo y del Espíritu Santo. Gracias a esa comunión, la Iglesia es instrumento de la salvación del hombre. Lleva en sí el misterio del Sacrificio redentor, y del que continuamente se enriquece. Mediante la propia sangre derramada, Jesucristo no cesa de «entrar en el santuario de Dios, después de haber obrado una redención eterna» (cfr. *Hebreos* 9,12).

Así pues, *Cristo es el verdadero autor de la salvación de la humanidad.* La Iglesia lo es en tanto en cuanto actúa por Cristo y en Cristo. El Concilio enseña: «El solo Cristo, presente en medio de todos nosotros en Su Cuerpo que es la Iglesia, es el mediador y camino de la salvación, y Él mismo, inculcando expresamente la necesidad de la fe y del bautismo (cfr. *Marcos* 16,16 y *Juan* 3,5), confirmó al mismo tiempo la necesidad de la Iglesia, en la que los hombres entran por el Bautismo como por una puerta. Por eso no pueden salvarse aquellos hombres que, no ignorando que la Iglesia católica ha sido de Dios, por medio de Jesucristo, fundada como necesaria, no quieran entrar en ella o en ella perseverar» (*LG* n. 14).

Aquí se inicia la exposición de la enseñanza conciliar sobre la Iglesia como *autora de la salvación en Cristo*: «Están plenamente incorporados en la sociedad de la Iglesia aquellos que, poseyendo el Espíritu de Cristo, aceptan integralmente su organización y todos los medios de salvación en Ella establecidos, y en su cuerpo visible están unidos a Cristo –que la dirige mediante el Sumo Pontífice y los obispos– por los vínculos de la profesión de fe, de los Sacramentos, del régimen eclesiástico y de la Comunión. No se salva, sin embargo, aunque esté incorporado a la Iglesia, el que, no perseverando en la caridad, permanece en el seno de la Iglesia con el «cuerpo», pero no con el «corazón». No olviden todos los hijos de la Iglesia que su privilegiada condición no se debe a sus méritos, sino a una especial gracia de Cristo, por la que si no corresponden con el pensamiento, con las palabras y con las obras, no sólo no se salvarán sino que serán más severamente juzgados» (*LG* n. 14). Pienso que estas palabras del Concilio explican plenamente la dificultad que expresaba su pregunta, aclaran *de qué modo la Iglesia es necesaria para la salvación*.

El Concilio habla de *pertenecer a la Iglesia* para los cristianos, y de *ordenación a la Iglesia* para los no cristianos que creen en Dios, para los hombres de buena voluntad (cfr. *LG* nn. 15 y 16). Para la salvación, estas dos dimensiones son importantes, y cada una de ellas posee varios grados. Los hombres se salvan *mediante* la Iglesia, se salvan *en la* Iglesia, pero siempre se salvan *gracias a Cristo*. *Ámbito de salvación* pueden ser también, además de la formal pertenencia, *otras formas de ordenación*. Pablo VI expone la misma doctrina en Su primera Encíclica *Ecclesiam suam*, cuando habla de los varios *círculos del diálogo de la salvación* (cfr. nn. 101-117), que son los mismos que señala el Concilio como ámbitos de pertenencia y de ordenación a la Iglesia. Tal es el sentido genuino de la conocida afirmación: «Fuera de la Iglesia no hay salvación.»

Es difícil no admitir que toda esta doctrina es extremadamente *abierta*. No puede ser tachada de *exclusivismo eclesiológico*. Los que se rebelan contra las presuntas pretensiones de la Iglesia católica probablemente no conocen, como deberían, esta enseñanza.

La Iglesia católica se alegra cuando otras comunidades cristianas anuncian con ella el Evangelio, sabiendo que *la plenitud de los medios de salvación le han sido confiados a ella. En este contexto debe ser entendido el* subsistit *de la enseñanza conciliar* (cfr. Constitución *Lumen gentium*, 8; Decreto *Unitatis redintegratio*, 4).

La Iglesia, precisamente como católica que es, está

abierta al diálogo con todos los otros cristianos, con los seguidores de religiones no cristianas, y también con los hombres de buena voluntad, como acostumbraban a decir Juan XXIII y Pablo VI. Qué significa «hombre de buena voluntad» lo explica de modo profundo y convincente la misma *Lumen gentium*. La Iglesia quiere anunciar el Evangelio *junto con los confesores de Cristo*. Quiere señalar a todos el camino de la eterna salvación, los principios de la vida en Espíritu y verdad.

Permítame que me refiera a los años de mi primera juventud. Recuerdo que, un día, mi padre me dio un libro de oraciones en el que se encontraba la *Oración al Espíritu Santo*. Me dijo que la rezara cada día. Por eso, desde aquel momento, procuro hacerlo. Entonces comprendí por primera vez qué significan las palabras de Cristo a la samaritana sobre los verdaderos adoradores de Dios, sobre los que Lo adoran en Espíritu y verdad (cfr. *Juan* 4,23). Después, en mi camino hubo muchas etapas. Antes de entrar en el seminario, me encontré a un laico llamado Jan Tyranowski, que era un verdadero místico. Aquel hombre, que considero un santo, me dio a conocer a los grandes místicos españoles y, especialmente, a san Juan de la Cruz. Aun antes de entrar en el seminario clandestino leía las obras de aquel místico, en particular las poesías. Para poderlo leer en el original estudié la lengua española. Aquélla fue una etapa muy importante de mi vida.

Pienso, sin embargo, que *aquí tuvieron un papel esencial las palabras de mi padre, porque me orientaron a que fuera un verdadero adorador de Dios*, me orientaron a que procurara pertenecer a Sus verdaderos adoradores, a aquellos que Le adoran en Espíritu y verdad. Encontré la Iglesia como comunidad de salvación. En esta Iglesia encontré mi puesto y mi vocación. Gradualmente, comprendí el significado de la redención obrada por Cristo y, en consecuencia, el significado de los Sacramentos, en particular de la

Santa Misa. Comprendí a qué precio hemos sido redimidos. Y todo eso me introdujo aún más profundamente en el misterio de la Iglesia que, en cuanto misterio, tiene una dimensión invisible. Lo ha recordado el Concilio. *Este misterio es más grande que la sola estructura visible de la Iglesia y su organización.* Estructura y organización sirven al misterio. La Iglesia, como Cuerpo místico de Cristo, penetra en todos y a todos comprende. *Sus dimensiones espirituales, místicas, son mucho mayores de cuanto puedan demostrar todas las estadísticas sociológicas.*

22

A LA BÚSQUEDA
DE LA UNIDAD PERDIDA

PREGUNTA

Hay una pregunta que surge espontánea después de Su respuesta anterior. Junto a indudables resultados positivos, en el diálogo ecuménico –el esfuerzo por la reunificación de los cristianos, conforme a la oración al Padre del mismo Cristo– no parecen haberse ahorrado desilusiones. El ejemplo más reciente es el de algunas decisiones de la Iglesia anglicana, que reabren un abismo precisamente allí donde se esperaba estar más cerca de la reunificación. Santidad, ¿cuáles son, sobre este decisivo tema, Sus impresiones y Sus esperanzas?

RESPUESTA

Antes de hablar de desilusiones, es oportuno detenerse en la iniciativa del Concilio Vaticano II de reactualizar la vía ecuménica en la historia de la Iglesia. Esta vía me es muy querida; provengo de una nación que, teniendo fama de ser sobre todo católica, tiene también *enraizadas tradiciones ecuménicas.*

A lo largo de los siglos de su milenaria historia, Polonia ha vivido la experiencia de ser un Estado de muchas nacionalidades y de muchas confesiones cristianas, y no sólo cristianas. Tales tradiciones hicieron y hacen que un aspecto positivo de la mentalidad de los polacos sea la *tolerancia* y la *apertura* hacia la gente que piensa de modo distinto, que habla otras lenguas, que cree, reza o celebra los mismos misterios de la fe de modo diferente. La historia de Polonia ha estado penetrada también por concretas *iniciativas de unificación*. La Unión de Brest en 1596 marcó el inicio de la historia de la Iglesia oriental, que hoy se llama católica de rito bizantino-ucraniano, pero que entonces era en primer lugar la Iglesia de la población rusa y bielorrusa.

Esto quiere ser una especie de introducción a la respuesta sobre las opiniones de algunos respecto a las *desilusiones provocadas por el diálogo ecuménico*. Yo pienso que más fuerte que esas desilusiones es el hecho mismo de haber emprendido con renovado empeño la vía que debe llevar a todos los cristianos hacia la unidad. Al acercarnos al término del segundo milenio, los cristianos han advertido con mayor viveza que las divisiones que existen entre ellos son contrarias a la oración de Cristo en el cenáculo: «Padre, haz que todos sean una sola cosa, como tú, Padre, estás en mí y yo en ti [...] *para que el mundo crea* que tú me has enviado» (cfr. *Juan* 17,21).

Los cristianos de las distintas confesiones y comunidades han podido constatar lo verdaderas que son estas palabras especialmente a través de la *actividad misionera*, que en los tiempos recientes ha sido muy bien comprendida tanto por parte de la Iglesia católica, como he apuntado antes, como por las varias Iglesias y comunidades protestantes. Las poblaciones a las que los misioneros se dirigen anunciando a Cristo y su Evangelio, predicando ideales de fraternidad y de unidad, no pueden evitar el hacer preguntas sobre su unidad. Es necesario saber cuál de estas Iglesias o comunidades es la de Cristo, puesto que Él no fundó más que una Iglesia, la única que puede hablar en Su nombre. Así pues, las experiencias relacionadas con la actividad misionera han dado inicio, en cierto sentido, al movimiento ecuménico, en el sentido actual de la palabra.

El papa Juan XXIII, que, movido por Dios, abrió el Concilio, acostumbraba a decir que lo que nos divide como confesores de Cristo es mucho menos de cuanto nos une. En esta afirmación está contenida *la esencia misma del pensamiento ecuménico*. El Concilio Vaticano II ha ido en la misma dirección, como indican los ya citados pasajes de la Constitución sobre la Iglesia *Lumen gentium*, a los cuales hay que añadir el Decreto sobre el ecumenismo *Unitatis redintegratio* y la Declaración sobre la libertad religiosa *Dignitatis humanae*, extremadamente importante desde el punto de vista ecuménico.

Lo que nos une es más grande de cuanto nos divide: los documentos conciliares dan forma más concreta a esta fundamental intuición de Juan XXIII. Todos creemos en el mismo Cristo; y esa fe es esencialmente el patrimonio heredado de la enseñanza de los siete primeros concilios ecuménicos anteriores al año mil. Existen por tanto las bases para un diálogo, para la *ampliación del espacio de la unidad*, que debe caminar parejo con la superación de las divisiones, en gran medida consecuencia de la convicción de poseer en exclusiva la verdad.

Las divisiones son ciertamente contrarias a cuanto había establecido Cristo. No es posible imaginar que esta Iglesia, instituida por Cristo sobre el fundamento de los apóstoles y de Pedro, no sea una. Se puede en cambio comprender cómo en el curso de los siglos, en contacto con situaciones culturales y políticas distintas, los creyentes hayan podido interpretar con distintos acentos el mismo mensaje que proviene de Cristo.

Estos diversos modos de entender y de practicar la fe en Cristo pueden en ciertos casos ser complementarios; no tienen por qué excluirse necesariamente entre sí. Hace falta buena voluntad para comprobar todo aquello en lo que las varias interpretaciones y prácticas de la fe se pueden recíprocamente compenetrar e integrar. Hay también que determinar *en qué punto se sitúa la frontera de la división real, más allá de la cual la fe quedaría comprometida.* Es legítimo afirmar que entre la Iglesia católica y la ortodoxa la diferencia no es muy profunda; en cuanto a las Iglesias y comunidades provenientes de la Reforma es, en cambio, obligado reconocer que la diferencia está mucho más acentuada, porque se violaron algunos elementos fundamentales establecidos por Cristo.

Al mismo tiempo, se debe también advertir que las *dificultades de naturaleza psicológica e histórica* son a veces mayores en las Iglesias ortodoxas que en algunas de las comunidades nacidas de la Reforma. Por eso son tan importantes los contactos personales. Me convenzo de eso cada vez que me encuentro con los representantes de estas Iglesias, sea en Roma, sea durante las visitas que realizo por las diversas partes del mundo. Ya el hecho mismo de podernos reunir para hacer oración juntos es muy significativo. Cosa absolutamente impensable hace unas decenas de años.

A este propósito es difícil no mencionar algunas de las visitas que tuvieron particular relieve desde el punto de vista ecuménico como, por ejemplo, en Gran Bretaña y en los países escandinavos. En general, se puede observar que *las dificultades subjetivas son mayores allí donde la división tuvo su comienzo*; así, se dejan sentir más, tratándose del protestantismo, en Alemania y en Suiza que, por ejemplo, en Norteamérica o en África. Nunca olvidaré aquella frase dicha durante el encuentro ecuménico de los representantes de las comunidades protestantes del Camerún: *«Sabemos que estamos divididos, pero no sabemos por qué.»*

En Europa la cuestión se presenta de modo ciertamente distinto. A pesar de eso, se podrían citar muchos testimonios que atestiguan el gran aumento del deseo y de la búsqueda de unidad de los cristianos.

Es evidente que no pueda dejar de haber desilusiones, a las que usted se refería, en personas y en ambientes que concebían de modo demasiado fácil y, digamos también, demasiado superficial, el problema de la unidad de los cristianos. Había muchas personas entusiastas, movidas por un gran optimismo, que estaban dispuestas a creer que el Concilio Vaticano II ponía ya fin al problema. El Concilio, en cambio, solamente abrió el camino de la unidad. Lo abrió comprometiendo en ese camino en primer lugar a la misma Iglesia católica; pero *el camino mismo es un proceso*, que debe hacerse gradualmente a través de obstáculos, de naturaleza tanto doctrinal como cultural y social, que se han ido acumulando en el curso de los siglos. Hace falta por tanto, por decirlo así, *desembarazarse de los estereotipos, de los hábitos*. Y es necesario, sobre todo, *descubrir la unidad que de hecho ya existe*.

Es mucho lo que ya se ha avanzado en este camino. El diálogo ecuménico, en varios niveles, se encuentra en pleno desarrollo, y está consiguiendo muchos frutos concretos. Numerosas comisiones teológicas están trabajando conjuntamente. Quien siga de cerca estos problemas no puede dejar de advertir un evidente soplo del Espíritu Santo. Nadie, sin embargo, se engaña pensando que el camino hacia la unidad va a ser breve o que en él no vaya a haber obstáculos. Hace falta sobre todo *rezar mucho*, empeñarse en la tarea de una profunda conversión, que hay que llevar a cabo mediante la oración en común y el trabajo conjunto en favor de la justicia, de la paz y de una actitud más cristiana en el orden temporal, en favor de todo lo que es coherentemente exigido por la misión de los confesores de Jesucristo en el mundo.

En nuestro siglo en particular han tenido lugar hechos que están profundamente en contra de la verdad evangélica. Aludo sobre todo a las *dos guerras mundiales* y a los campos de concentración y de exterminio. Paradójicamente, quizá estos mismos hechos pueden haber reforzado la conciencia ecuménica entre los cristianos divididos. Un papel especial ha tenido ciertamente, a este respecto, el *exterminio de los judíos*: eso ha planteado al mismo tiempo ante la Iglesia y ante el cristianismo la cuestión de la relación entre la Nueva y la Antigua Alianza. En el campo católico, el fruto de la reflexión sobre esta relación se ha dado en la *Nostra aetate*, que tanto ha contribuido a madurar la conciencia de que los hijos de Israel –ya hemos hablado de eso– son nuestros «hermanos mayores». Es una maduración que ha tenido lugar a través del diálogo, en especial el ecuménico. En la Iglesia católica ese diálogo con los judíos tiene significativamente su centro en el Consejo para la promoción de la unidad de los cristianos, que se ocupa al mismo tiempo del diálogo entre las varias comunidades cristianas.

Si tomamos en consideración todo esto, es difícil no reconocer que la tarea ecuménica ha sido realizada con entusiasmo por la Iglesia católica, la cual la ha asumido en toda su complejidad, y la lleva a cabo día a día con gran seriedad. Naturalmente, la cuestión de la efectiva unidad no es y no puede ser fruto de esfuerzos solamente humanos. *El verdadero protagonista sigue siendo el Espíritu Santo*, al cual corresponderá decidir en qué momento el proceso de unidad estará suficientemente maduro, también desde el lado humano.

¿Cuándo sucederá esto? No es fácil preverlo. En todo caso, con ocasión del inicio del tercer milenio, que se está aproximando, los cristianos han advertido que, mientras el primer milenio ha sido el período de la Iglesia indivisa, el segundo ha llevado a Oriente y a Occidente a profundas divisiones, que hoy es necesario recomponer.

Es necesario que el año 2000 nos encuentre al menos más unidos, más dispuestos a emprender el camino de esa unidad por la que Cristo rezó en la vigilia de su Pasión. El valor de esa unidad es enorme. Se trata en algún sentido del futuro del mundo, se trata del futuro del reino de Dios en el mundo. Las debilidades y prejuicios humanos no pueden destruir lo que es el plan de Dios para el mundo y la humanidad. Si sabemos valorar todo esto, podemos mirar al futuro con un cierto *optimismo.* Podemos tener confianza en que «El que ha iniciado en nosotros la obra buena, la llevará a su cumplimiento» (cfr. *Filipenses* 1,6).

23

¿POR QUÉ DIVIDIDOS?

PREGUNTA

Los designios de Dios son a menudo inescrutables; sólo en el Más Allá nos será dado «ver» de verdad y, por tanto, entender. Pero ¿sería posible descubrir desde ahora una cierta vislumbre de respuesta a la pregunta que, a lo largo de los siglos, han hecho tantos creyentes: ¿Por qué el Espíritu Santo ha permitido tantas y tales divisiones y enemistades entre los que, sin embargo, se llaman seguidores del mismo Evangelio, discípulos del mismo Cristo?

RESPUESTA

Sí, así es, podemos de verdad preguntarnos: *¿Por qué el Espíritu Santo ha permitido todas estas divisiones?* En general, sus causas y los mecanismos históricos son conocidos. Sin embargo, es legítimo preguntarse si no habrá también una *motivación metahistórica*.

Para esta pregunta podemos encontrar dos respuestas. Una, más *negativa*, ve en las divisiones el fruto amargo de los pecados de los cristianos. La otra, en cambio, más *positiva*, surge de la confianza en Aquel que saca el bien incluso del mal, de las debilidades humanas: ¿No podría ser que las divisiones hayan sido también *una vía que ha conducido y conduce a la Iglesia a descubrir las múltiples riquezas contenidas en el Evangelio de Cristo y en la redención obrada por Cristo?* Quizá tales riquezas no hubieran podido ser descubiertas de otro modo...

Desde una visión más general, se puede afirmar que

para el conocimiento humano y para la acción humana tiene sentido también hablar de una cierta *dialéctica*. El Espíritu Santo, en Su condescendencia divina, ¿no habrá tomado esto de algún modo en consideración? Es necesario que *el género humano alcance la unidad mediante la pluralidad, que aprenda a reunirse en la única Iglesia, también con ese pluralismo en las formas de pensar y de actuar, de culturas y de civilizaciones.* ¿Esta manera de entenderlo no podría estar en cierto sentido más de acuerdo con la sabiduría de Dios, con Su bondad y providencia?

¡Pero ésta no puede ser una justificación de las divisiones, que se radicalizan cada vez más! *¡Tiene que llegar ya el tiempo en que se manifieste el amor que une!* Numerosos son los indicios que permiten pensar que ese tiempo efectivamente ya ha llegado y, en consecuencia, resulta evidente la importancia del diálogo ecuménico para el cristianismo. Este diálogo constituye una respuesta a la invitación de la *Primera Carta* de Pedro a «dar razón de la esperanza que está en nosotros» (cfr. 1 *Pedro* 3,15).

El mutuo respeto es condición previa para un auténtico ecumenismo. He recordado poco antes las experiencias vividas en el país donde nací, y he subrayado cómo los acontecimientos de su historia formaron una sociedad pluriconfesional y plurinacional, caracterizada por una gran tolerancia. En los tiempos en que en Occidente tenían lugar procesos y se encendían hogueras para los herejes, el último rey polaco de la estirpe de los Jaghelloni dio prueba de ello con estas palabras: «No soy rey de vuestras conciencias.»

Recordemos además que el Señor Jesús confirió a Pedro tareas pastorales, que consisten en mantener la unidad de la grey. En el *ministerio petrino* está también el *ministerio de la unidad*, que se desarrolla en particular en el campo ecuménico. La tarea de Pedro es la de buscar constantemente las vías que sirvan al mantenimiento de la unidad. No debe crear obstáculos, sino buscar soluciones. Lo cual no está en contradicción con la tarea que le ha confiado Cristo de «confirmar a los hermanos en la fe» (cfr. *Lucas* 22,32). Por otra parte, es significativo que Cristo haya pronunciado estas palabras cuando el apóstol iba a renegar de Él. Era como si el Maestro mismo hubiese querido decirle: «Acuérdate de que eres débil, de que también tú tienes necesidad de una incesante conversión. *Podrás confirmar a los otros en la medida en que tengas conciencia de tu debilidad.* Te doy como tarea la verdad, la gran verdad de Dios, destinada a la salvación del hombre; pero esta verdad no puede ser predicada y realizada de ningún otro modo más que amando.» Es necesario, siempre, *veritatem facere in caritate* (hacer la verdad en la caridad, cfr. *Efesios* 4,15).

24

LA IGLESIA A CONCILIO

PREGUNTA

Déjeme que continúe –siempre con la intención de que sirva de acicate– erigiéndome en portavoz de quien dice rechazar tanto el optimismo como el pesimismo, para atenerse a un duro pero obligado realismo. Usted no ignora ciertamente que no han faltado, ni faltan tampoco ahora, quienes sostienen que las puertas abiertas por el Vaticano II parecen haber servido –si hacemos un balance no teórico ni triunfalista de estos decenios posconciliares– más a los que estaban «dentro» de la Iglesia para salir de ella que para que entraran los que estaban «fuera». Hay quien no duda siquiera en dar la voz de alarma sobre la situación actual de la Iglesia, cuya unidad de fe y de gobierno no sería ya una cosa sólida, sino algo amenazado por tendencias centrífugas y por el resurgir de opiniones teológicas no conformes con el Magisterio.

RESPUESTA

Permítame no estar de acuerdo con semejantes planteamientos. Cuanto he dicho hasta ahora me lleva a tener sobre este problema una opinión distinta de esa que otros tienen y que usted me refiere. Es una opinión, la mía, que proviene de la fe en el Espíritu Santo que guía a la Iglesia, y también de una cuidadosa observación de los hechos. *El Concilio Vaticano II ha sido un gran don para la Iglesia*, para todos los que han tomado parte en él, para la entera familia humana, un don para cada uno de nosotros.

Es difícil decir algo nuevo sobre el Concilio Vaticano II. Al mismo tiempo, hay siempre necesidad de recordarlo, pues se ha convertido en una tarea y en un desafío para la Iglesia y para el mundo. Se advierte, pues, la exigencia de hablar del Concilio, *para interpretarlo de modo adecuado y defenderlo de interpretaciones tendenciosas.* Tales interpretaciones existen, y no han aparecido sólo ahora; en cierto sentido el Concilio se las había encontrado ya en el mundo y hasta en la Iglesia. En ellas se expresaban las *disposiciones de ánimo favorables o contrarias a su aceptación y comprensión* y también al empeño por introducirlo en la vida.

He tenido la especial fortuna de *poder tomar parte en el Concilio desde el primero al último día.* Esto no estaba en absoluto previsto, porque las autoridades comunistas de mi país consideraban el viaje a Roma un privilegio, administrado completamente por ellos. Si, pues, en semejantes condiciones me fue posible participar en el Concilio desde el comienzo hasta el final, con razón puede juzgarse como un *especial don de Dios.*

Sobre la base de la experiencia conciliar escribí *La renovación en sus fuentes.* Al comienzo del libro afirmaba que éste quería ser un *intento de pagar la deuda* contraída por cada uno de los obispos con el Espíritu Santo, por participar en el Concilio. Sí, el Concilio tuvo dentro de sí algo de Pentecostés: dirigió al episcopado de todo el mundo, y por tanto a la Iglesia, sobre las vías por las que había que proceder al final del segundo milenio. Vías de las que habla Pablo VI en la *Ecclesiam suam* (cfr. nn. 60 y ss.).

Cuando comencé a tomar parte en el Concilio era un joven obispo. Recuerdo que mi puesto al principio estuvo cerca de la entrada de la basílica de San Pedro, pero desde la tercera sesión en adelante, es decir, desde que fui nombrado arzobispo de Cracovia, fui colocado más cerca del Altar de la Confesión.

El Concilio fue una singular ocasión para escuchar a los otros, pero también de pensar creativamente. Como es natural, los obispos de más edad y más expertos aportaban una contribución mayor en la maduración del pensamiento conciliar. Al comienzo, puesto que era joven, más bien aprendía; gradualmente, sin embargo, alcancé una forma de participación en el Concilio más madura y más creativa.

Así pues, ya durante la tercera sesión *me encontré en el équipe que preparaba el llamado Esquema XIII*, el documento que se convertiría luego en la Constitución pastoral *Gaudium et Spes*; pude de ese modo participar en los trabajos extremadamente interesantes de este grupo, compuesto por representantes de la Comisión teológica y del Apostolado de los laicos. Permanece siempre vivo en mi memoria el recuerdo del encuentro con Ariccia, en enero de 1965. Contraje también una deuda personal de gratitud con el cardenal Gabriel-Marie Garrone por su fundamental ayuda en la elaboración del nuevo documento. Lo mismo debo decir de los otros teólogos y obispos, con los que tuve la fortuna de sentarme en torno a la misma mesa de trabajo. Mucho debo en particular al padre Yves Congar y al padre Henri De Lubac. Recuerdo todavía hoy las palabras con que este último me animó a perseverar en la línea que había yo definido durante las discusiones. Esto sucedía cuando las sesiones se desarrollaban ya en el Vaticano. Desde aquel momento estreché una especial amistad con el padre De Lubac.

El Concilio fue una *gran experiencia de la Iglesia*, o bien –como entonces se decía– el «*seminario del Espíritu Santo*». En el Concilio el Espíritu Santo hablaba a toda la Iglesia en su universalidad, determinada por la participación de los obispos del mundo entero. Determinante era también la participación de los representantes de las Iglesias y de las comunidades no católicas, muy numerosas.

Lo que el Espíritu Santo dice supone siempre una penetración más profunda en el eterno Misterio, y a la vez una indicación, a los hombres que tienen el deber de dar a conocer ese Misterio al mundo contemporáneo, del camino que hay que recorrer. El hecho mismo de que aquellos hombres fueran convocados por el Espíritu Santo y constituyeran durante el Concilio una especial comunidad que escucha unida, reza unida, y unida piensa y crea, tiene una importancia fundamental para la evangelización, para esa *nueva evangelización que con el Vaticano II tuvo su comienzo*. Todo eso está en estrecha relación con una nueva época en la historia de la humanidad y también en la historia de la Iglesia.

25

ANÓMALO, PERO NECESARIO

El Santo Padre no tiene, pues, dudas. En ese período de la historia de la Iglesia y del mundo había necesidad de un concilio ecuménico como el Vaticano II, «anómalo», por su estilo y contenidos, respecto a los otros veinte precedentes, desde Nicea en el 325 al Vaticano I en el 1869.

Respuesta

Había necesidad no tanto para contrarrestar una concreta herejía, como sucedía en los primeros siglos, como para poner en marcha una especie de proceso *bipolar:* por una parte, sacar al cristianismo de las divisiones que se han acumulado durante todo el milenio que llega a su fin; por otra, reanudar, en cuanto sea posible en común, la misión evangélica en el umbral del tercer milenio.

Bajo este aspecto, como usted justamente advierte, el Concilio Vaticano II se distingue de los concilios precedentes por su *particular estilo.* No ha sido un estilo defensivo. Ni una sola vez se encuentran en los documentos conciliares las palabras *anathema sit* («sea anatema», o «queda excomulgado»). Ha sido un *estilo ecuménico,* caracterizado por una gran apertura al diálogo, que el papa Pablo VI calificaba como «diálogo de salvación».

Ese diálogo no debía limitarse solamente al ámbito cristiano, sino abrirse también a otras religiones no cristianas, y alcanzar al mundo entero de la cultura y de la civilización, incluido el mundo de los que no creen. *La verdad no acepta límite alguno*; es para todos y para cada uno. Y si esa verdad es realizada en la caridad (cfr. *Efesios* 4,15), entonces se hace aún más universal. Éste ha sido el estilo del Concilio Vaticano II, el espíritu en que se ha desarrollado.

Tal estilo y tal espíritu permanecerán también en el futuro como la verdad esencial del Concilio; no las controversias entre «progresistas» y «conservadores» –controversias políticas y no religiosas– a las que algunos han querido reducir el acontecimiento conciliar. Según este espíritu el Vaticano II continuará siendo por mucho tiempo un reto para todas las Iglesias y una tarea para cada uno.

En los decenios transcurridos desde la conclusión del Vaticano II hemos podido comprobar cómo dicho reto y dicha tarea han sido acogidos según distintas perspectivas y distintas valoraciones. Esto ha sucedido sobre todo con los *sínodos posconciliares*: sea los sínodos generales de los obispos de todo el mundo convocados por el Papa, sea los de las concretas diócesis o provincias eclesiásticas. Sé por experiencia cómo este *método sinodal* responde a las expectativas de los diversos ambientes y los frutos que lleva consigo. Y pienso en los sínodos diocesanos que, casi espontáneamente, se han deshecho de la antigua unilateralidad clerical y se han convertido en *una manera de expresar la responsabilidad de cada uno hacia la Iglesia*. La responsabilidad comunitaria hacia la Iglesia, que los laicos sienten de un modo especial, es ciertamente fuente de renovación. Esa responsabilidad forma el rostro de la Iglesia para las nuevas generaciones, frente al tercer milenio.

En el vigésimo aniversario de la clausura del Concilio, en 1985, fue convocado el sínodo extraordinario de obispos.

Recuerdo este hecho porque de aquel Sínodo proviene la iniciativa del *Catecismo de la Iglesia católica*. Algunos teólogos, a veces ambientes enteros, difundían la tesis de que no había ya necesidad de ningún catecismo, siendo ésta una forma de transmisión de la fe ya superada y, por eso, que había que abandonar. Expresaban también la opinión de que la creación de un catecismo de la Iglesia universal sería de hecho irrealizable. Eran los mismos ambientes que, en su día, habían juzgado inútil e inoportuno el nuevo Código de derecho canónico, anunciado ya por Juan XXIII. En cambio, las voces de los obispos en el Sínodo manifestaban un parecer del todo contrario: el nuevo Código ha sido una providencial iniciativa que va a resolver una necesidad de la Iglesia.

También el catecismo era indispensable *para que toda la riqueza del magisterio de la Iglesia, después del Concilio Vaticano II, pudiese recibir una nueva síntesis y, en cierto sentido, una nueva orientación.* Sin el catecismo de la Iglesia universal, esto hubiera sido algo inalcanzable. Cada ambiente concreto, con base en este texto del Magisterio, crearía sus propios catecismos según las necesidades locales. En tiempo relativamente breve fue realizada esa gran síntesis; en ella, verdaderamente, tomó parte toda la Iglesia. Particular mérito debe serle reconocido al cardenal Joseph Ratzinger, prefecto de la Congregación para la doctrina de la fe. El Catecismo, publicado en 1992, se convirtió en un *bestseller* en el mercado mundial del libro, como confirmación de lo grande que era la demanda de este tipo de lectura, que a primera vista podría parecer impopular.

Y el interés por el catecismo no cesa. Nos encontramos, pues, ante una realidad nueva. *El mundo, cansado de ideologías, se abre a la verdad.* Ha llegado el tiempo en que el esplendor de esta verdad (*Veritatis splendor*) comienza a rasgar nuevamente las tinieblas de la existencia humana. Aunque sea difícil juzgarlo desde ahora, sin embargo, sobre la base de cuanto se ha realizado y de cuanto se está realizando, es evidente que *el Concilio no quedará como letra muerta.*

El Espíritu, que ha hablado por medio del Vaticano II, no ha hablado en vano. La experiencia de estos años nos deja entrever nuevas perspectivas de apertura hacia esa verdad divina que la Iglesia debe anunciar «en toda ocasión oportuna y no oportuna» (2 *Timoteo* 4,2). Cada ministro del Evangelio debería dar gracias al Espíritu Santo por el don del Concilio, y debería sentirse constantemente en deuda con Él. Y para que esta deuda quede saldada serán necesarios todavía muchos años y muchas generaciones.

26

UNA CUALIDAD RENOVADA

PREGUNTA

Déjeme señalar que estas palabras Suyas, tan claras, confirman una vez más la parcialidad, la miopía de los que han llegado a sospechar en Usted intenciones «restauradoras», planes «reaccionarios» ante las novedades conciliares.

Usted no ignora que son bien pocos, entre los que siguen siendo católicos, los que ponen en duda la oportunidad de la renovación obrada en la Iglesia. Lo que se discute no es ciertamente el Vaticano II, sino algunas interpretaciones calificadas de disconformes no sólo con la letra de esos documentos sino con el espíritu mismo de los padres conciliares.

RESPUESTA

Permítame entonces volver a aquella pregunta suya, que también, como otras, era intencionadamente provocadora: ¿El Concilio abrió las puertas para que los hombres de hoy pudiesen entrar en la Iglesia, o bien las puertas se abrieron para que los hombres, ambientes y sociedades comenzaran a salir de Ella?

La opinión expresada en sus palabras responde en cierta medida a la verdad, especialmente si nos referimos a la *Iglesia en su dimensión occidental-europea* (aunque seamos testigos de la manifestación, en la misma Europa occidental, de muchos síntomas de renovación religiosa). Pero la situación de la Iglesia debe ser evaluada globalmente. Hay que tomar en consideración todo *lo que hoy sucede en la Europa centro-oriental y fuera de Europa*, en Norteamérica y en Sudamérica, lo que sucede en los países de misión, en particular en el continente africano, en las vastas áreas del océano Índico y del Pacífico, y en cierta medida en los países asiáticos, incluida China. En muchas de aquellas tierras la Iglesia está construida sobre el fundamento de los mártires, y sobre este fundamento crece con vigor renovado, como Iglesia minoritaria, sí, pero muy viva.

A partir del Concilio asistimos a una *renovación, que es en primer lugar cualitativa.* Si continúan escaseando los sacerdotes y si las vocaciones siguen siendo demasiado pocas, sin embargo *aparecen y se desarrollan diversos movimientos de carácter religioso.* Nacen sobre un fondo un poco distinto del de las antiguas asociaciones católicas de perfil más bien social, que, inspirándose en la doctrina de la Iglesia sobre esa cuestión, pretendían la transformación de la sociedad, el restablecimiento de la justicia social; algunas iniciaron un diálogo tan intenso con el marxismo que perdieron, en alguna medida, su identidad católica.

Los nuevos movimientos, en cambio, están orientados sobre todo hacia la renovación de la persona. El hombre es el primer autor de todo cambio social e histórico, pero para poder desarrollar este papel él mismo debe renovarse en Cristo, en el Espíritu Santo. Es ésta una dirección muy prometedora ante el futuro de la Iglesia. *Antes, la renovación de la Iglesia pasaba principalmente a través de las órdenes religiosas.* Así fue en el período después de la caída del Imperio romano con los benedictinos y, en el Medievo, con las órdenes mendicantes, franciscanos y dominicos; así fue en el período después de la Reforma, con los jesuitas y otras iniciativas semejantes; en el siglo xviii con los redentoristas y pasionistas; en el siglo xix con dinámicas congregaciones misioneras como los verbitas, los salvatorianos y, naturalmente, los salesianos.

Junto a las órdenes religiosas de fundación reciente y junto al maravilloso florecimiento de los institutos seculares durante nuestro siglo, en el período conciliar y posconciliar han aparecido estos nuevos movimientos, los cuales, aun recogiendo también a personas consagradas, comprenden especialmente laicos que viven en el matrimonio y ejercen distintas profesiones. El ideal de la renovación del mundo en Cristo nace directamente del fundamental compromiso del Bautismo.

Sería injusto hoy hablar solamente de abandono. Hay también retornos. *Sobre todo, hay una transformación profundamente radical del modelo de base.* Pienso en Europa y en América, en particular en la del Norte y, en otro sentido, en la del Sur. *El modelo tradicional, cuantitativo, se transforma en un modelo nuevo, más cualitativo.* Y también esto es fruto del Concilio.

El Vaticano II apareció en un momento en que el viejo modelo comenzaba a ceder el puesto al nuevo. Así pues, hay que decir que *el Concilio vino en el momento oportuno* y asumió una tarea de la que esta época tenía necesidad, no solamente la Iglesia, sino el mundo entero.

Si la Iglesia posconciliar tiene dificultades en el campo de la doctrina o de la disciplina, no son sin embargo tan graves que comporten una seria amenaza de nuevas divisiones. La Iglesia del Concilio Vaticano II, *la Iglesia de intensa colegialidad del episcopado mundial*, sirve verdaderamente y de muy diversos modos a este mundo, y se propone a sí misma como el verdadero Cuerpo de Cristo, como ministra de Su misión salvífica y redentora, como valedora de la justicia y de la paz. En un mundo dividido, *la unidad supranacional de la Iglesia católica permanece como una gran fuerza,* comprobada cuando es el caso por sus enemigos, y también hoy está presente en las diversas instancias de la política y de la organización mundial. No para todos es ésta una fuerza que resulte cómoda. La Iglesia repite en muchas direcciones su *non possumus* apostólico: «No podemos dejar de hablar de lo que hemos visto y oído» (*Hechos de los Apóstoles* 4,20), permaneciendo así fiel a sí misma y difundiendo a su alrededor aquel *veritatis splendor* que el Espíritu Santo efunde en el rostro de su Esposa.

27

CUANDO EL «MUNDO»
DICE QUE NO

Su referencia a la firmeza de Pedro y de Juan en los *Hechos de los Apóstoles* («No podemos callar lo que hemos visto y oído» 4,20) nos recuerda que –a pesar de toda voluntad eclesial de diálogo– no siempre y no para todos son bien aceptadas las palabras del Papa. En no pocos casos se comprueba su explícito rechazo, a veces violento (al menos, si se da crédito a ese espejo, quizá deformante, que son los medios de comunicación internacionales) cuando la Iglesia remacha su enseñanza, sobre todo en ciertos temas, como los morales.

Respuesta

Usted se refiere al problema de la *acogida de la enseñanza de la Iglesia en el mundo actual*, especialmente en el campo de la ética y de la moral. Algunos sostienen que en las cuestiones de moralidad, y en primer lugar en las de ética sexual, la Iglesia y el Papa no van de acuerdo con la tendencia dominante en el mundo contemporáneo, dirigida hacia una cada vez mayor libertad de costumbres. Puesto que el mundo se desarrolla en esa dirección, surge la impresión de que la Iglesia vuelve atrás o, en todo caso, que el mundo se aleja de ella. El mundo, por tanto, se aleja del Papa, el mundo se aleja de la Iglesia.

Es una opinión muy difundida, pero estoy convencido

de que es profundamente injusta. Nuestra encíclica *Verita-tis splendor*, aunque no se refiere directamente al campo de la ética sexual sino a la gran amenaza que supone la civilización occidental del *relativismo moral*, lo demuestra. Se dio perfectamente cuenta el papa Pablo VI, que sabía que Su deber era luchar contra ese relativismo frente a lo que es el bien esencial del hombre. Con su Encíclica *Humanae vitae* puso en práctica la exhortación del apóstol Pablo, que escribía a su discípulo Timoteo: «Anuncia la palabra, insiste en toda ocasión oportuna y no oportuna... Vendrá un día en que no se soportará la sana doctrina» (2 *Timoteo* 4,2-3).

¿No parecen censurar estas palabras del apóstol esta situación contemporánea?

Los medios de comunicación han acostumbrado a ciertos sectores sociales a escuchar lo que «halaga los oídos» (cfr. 2 *Timoteo* 4,3). Peor es la situación cuando los teólogos, y especialmente los moralistas, se alían con los medios de comunicación, que, como es obvio, dan una amplia resonancia a cuanto éstos dicen y escriben contra la «sana doctrina». *Cuando la verdadera doctrina es impopular, no es lícito buscar una fácil popularidad.* La Iglesia debe dar una respuesta sincera a la pregunta; «¿Qué debo hacer para alcanzar la vida eterna?» (*Mateo* 19,16). Cristo nos previno, nos advirtió de que la vía de la salvación no es ancha y cómoda, sino estrecha y angosta (cfr. *Mateo* 7,13-14). No tenemos derecho a abandonar esta perspectiva ni a cambiarla. Éste es el aviso del Magisterio, éste es también el deber de los teólogos –sobre todo de los moralistas–, los cuales, como colaboradores de la Iglesia docente, tienen en esto una parte esencial.

Naturalmente, siguen siendo válidas las palabras de Jesús referidas a aquellas cargas que ciertos maestros echan sobre la espalda de los hombres, pero que ellos no quieren llevarlas (cfr. *Lucas* 11,46). Aunque se debe considerar también *cuál es el peso mayor: si el de la verdad, incluso el de la muy exigente, o si lo es, en cambio, el de la apariencia de verdad, que crea sólo la ilusión de lo que es moralmente correcto.* La *Veritatis splendor* ayuda a afrontar este fundamental dilema que la gente parece comenzar a entender. Pienso que hoy se comprende mejor que en 1968, cuando Pablo VI publicaba la *Humanae vitae.*

¿Es cierto que la Iglesia está parada y que el mundo se aleja de ella? ¿Se puede decir que el mundo evoluciona solamente hacia una mayor libertad de costumbres? ¿Estas palabras no enmascaran quizá ese relativismo que es tan nefasto para el hombre? No sólo con el aborto, sino también con la contracepción, *se trata en definitiva de la verdad del hombre.* Alejarse de esa verdad no constituye en absoluto una tendencia evolutiva, no puede ser considerada como una medida de «progreso ético». Frente a semejantes tendencias, cada pastor de la Iglesia y, sobre todo el Papa, debe ser particularmente sensible para no desatender la severa amonestación contenida en la *Segunda Carta* de Pablo a Timoteo: «Tú, sin embargo, vigila atentamente, aprende a soportar los sufrimientos, cumple tu tarea de anunciador del Evangelio, cumple tu ministerio» (4,5).

La fe en la Iglesia de hoy. En el Símbolo –tanto en el apostólico como en el niceno-constantinopolitano– decimos: *creo en la Iglesia.* Ponemos, pues, a la Iglesia en el mismo plano que el misterio de la Santísima Trinidad y que los misterios de la Encarnación y de la Redención. Pero, como ha mostrado el padre De Lubac, esta fe en la Iglesia significa una cosa distinta de la fe en los grandes misterios de Dios, puesto que *no solamente creemos en la Iglesia, sino que a la vez la constituimos.* Siguiendo el Concilio, podemos decir que creemos en la Iglesia como en un misterio; y, a la vez, sabemos que somos Iglesia como pueblo de Dios. Somos Iglesia también como miembros de estructura jerárquica y, antes que nada, como partícipes de la misión mesiánica de Cristo, que posee un triple carácter: profético, sacerdotal y real.

Se puede decir que *nuestra fe en la Iglesia ha sido renovada y profundizada de modo significativo por el Concilio.* Durante mucho tiempo, en la Iglesia se vio más bien la dimensión institucional, jerárquica, y se había olvidado un poco la fundamental dimensión de gracia, carismática, propia del pueblo de Dios.

A través del magisterio del Concilio, podremos decir que la la *fe en la Iglesia nos ha sido de nuevo confiada como tarea.* La renovación posconciliar es, sobre todo, renovación de esta fe, extraordinariamente rica y fecunda. La fe en la Iglesia, como enseña el Concilio Vaticano II, lleva a replantearse ciertos esquematismos demasiado rígidos: por ejemplo, la distinción entre Iglesia *docente*, que enseña, e Iglesia *discente*, que aprende, debe tener en cuenta el hecho de que todo bautizado participa, si bien a su nivel, de la misión profética, sacerdotal y real de Cristo. *Se trata pues no sólo de cambiar de conceptos, sino de renovar las actitudes*, como he intentado mostrar en mi estudio posconciliar ya citado y titulado *La renovación en sus fuentes.*

Permítame volver un momento a la actual situación religiosa de Europa. Algunos esperaban que, después de la caída del comunismo, tendría lugar, por así decirlo, un *giro instintivo hacia la religión* en todos los estratos de la sociedad. ¿Ha sucedido esto? Ciertamente no ha sucedido del modo en que algunos se lo imaginaban; y sin embargo, se puede afirmar que esto está sucediendo, especialmente en Rusia. ¿Cómo? Sobre todo en forma de vuelta a la tradición y a las prácticas propias de la Iglesia ortodoxa. En aquellas regiones, además, gracias a la reconquistada libertad religiosa, ha renacido también la Iglesia católica, presente desde siglos por medio de los polacos, de los alemanes, de los lituanos, de los ucranianos que habitaban en Rusia; y están llegando comunidades protestantes, y numerosas *sectas occidentales*, que disponen de grandes medios económicos.

En otros países el proceso de vuelta a la religión, o bien de perseverancia en la propia Iglesia, se desarrolla según haya sido la situación vivida por la Iglesia durante la opresión comunista y, en un cierto sentido, también en relación con sus más antiguas tradiciones. Se puede mostrar esto fácilmente observando sociedades como la de Bohemia, la de Eslovaquia, la de Hungría, y también la de Rumanía, de mayoría ortodoxa, o Bulgaria. Una problemática propia presentan la ex Yugoslavia y los países bálticos.

Pero ¿en qué está la verdadera fuerza de la Iglesia? Naturalmente, la fuerza de la Iglesia, en Oriente y en Occidente, a través de los siglos, está en el testimonio de los *santos*, de los que de la verdad de Cristo han hecho su propia verdad, de los que han seguido el camino que es Él mismo, que han vivido la vida que brota de Él en el Espíritu Santo. Y nunca han faltado estos santos en la Iglesia, en Oriente y en Occidente.

Los santos de nuestro siglo han sido en gran parte *mártires*. Los regímenes totalitarios, que han dominado en Europa en la mitad del siglo XX, han contribuido a incrementar su número. Los campos de concentración, los campos de muerte, que han producido, entre otras cosas, el monstruoso holocausto judío, han hecho que aparecieran auténticos santos entre los católicos y los ortodoxos, y también entre los protestantes. Se ha tratado de verdaderos mártires. Baste recordar las figuras del padre Maximiliano Kolbe y de Edith Stein y, aún antes, aquéllas de los mártires de la guerra civil en España. En el este de Europa es enorme el ejército de los santos mártires, especialmente ortodoxos: rusos, ucranianos, bielorrusos, y de vastos territorios más allá de los Urales. Ha habido también márti-

res católicos en la misma Rusia, en Bielorrusia, en Lituania, en los países bálticos, en los Balcanes, en Ucrania, en
Galizia, en Rumania, Bulgaria, Albania, en los países de la
ex Yugoslavia. Ésta es la gran multitud de los que, como se
dice en el *Apocalipsis*, «siguen al Cordero» (cfr. 14,4). Ellos
completaron con su martirio el testimonio redentor de
Cristo (cfr. *Colosenses* 1,24) y, al mismo tiempo, están *en la
base de un mundo nuevo, de la nueva Europa y de la nueva
civilización.*

28

VIDA ETERNA: ¿TODAVÍA EXISTE?

PREGUNTA

En la Iglesia de estos años se han multiplicado las palabras; parece que, en los últimos veinte años, se han producido más «documentos» a cualquier nivel eclesial que en los casi veinte siglos precedentes.

Y, sin embargo, algunos consideran que esta Iglesia tan locuaz se calla sobre lo esencial: la vida eterna.

No obstante hay que reconocer, sinceramente, que no se puede decir otro tanto de Su Santidad, que se ha referido por extenso a este vértice de la panorámica cristiana en su respuesta sobre la «salvación», y ha hecho claras referencias a ella en otros puntos de la entrevista. Pero, por lo que parece según cierta pastoral, según cierta teología, vuelvo a ese tema para preguntarLe: ¿El paraíso, el purgatorio y el infierno todavía «existen»? ¿Por qué tantos hombres de iglesia nos comentan continuamente la actualidad y ya casi no nos hablan de la eternidad, de esa unión definitiva con Dios que, ateniéndonos a la fe, es la vocación, el destino, el fin último del hombre?

RESPUESTA

Por favor, abra la *Lumen gentium* en el capítulo VII, donde se trata la índole escatológica de la Iglesia peregrinante sobre la tierra, como también la unión de la Iglesia terrena con la celeste. Su pregunta no se refiere a la unión de la Iglesia peregrinante con la Iglesia celeste, sino al nexo entre la escatología y la Iglesia sobre la tierra. A este respecto, usted muestra que en la práctica pastoral este planteamiento en cierta manera se ha perdido, y tengo que reconocer que, en eso, tiene usted algo de razón.

Recordemos que, en tiempos aún no muy lejanos, en las prédicas de los retiros o de las misiones, los *Novísimos* –muerte, juicio, infierno, gloria y purgatorio– constituían siempre un tema fijo del programa de meditación, y los predicadores sabían hablar de eso de una manera eficaz y sugestiva. ¡Cuántas personas fueron llevadas a la conversión y a la confesión por estas prédicas y reflexiones sobre las cosas últimas!

Además, hay que reconocerlo, ese estilo pastoral era *profundamente personal*: «Acuérdate de que al fin te presentarás ante Dios con toda tu vida, que ante Su tribunal te harás responsable de todos tus actos, que serás juzgado no sólo por tus actos y palabras, sino también por tus pensamientos, incluso los más secretos.» Se puede decir que tales prédicas, perfectamente adecuadas al contenido de la Revelación del Antiguo y del Nuevo Testamento, penetraban profundamente en el mundo íntimo del hombre. Sacudían su conciencia, le hacían caer de rodillas, le llevaban al confesonario, producían en él una profunda acción salvífica.

El hombre es libre y, por eso, *responsable*. La suya es una responsabilidad personal y social, es una responsabilidad ante Dios. Responsabilidad en la que está su grandeza. Comprendo qué es lo que teme quien llama la atención sobre la importancia de eso de lo que usted se hace portavoz, teme que la pérdida de estos contenidos catequéticos, homiléticos, constituya un *peligro para esa fundamental grandeza del hombre*. Cabe efectivamente que nos preguntemos si, sin ese mensaje, la Iglesia sería aún capaz de despertar heroísmos, de generar santos. No hablo tanto de esos «grandes» santos que son elevados al honor de los altares, sino de los santos «cotidianos», según la acepción del término en la primera literatura cristiana.

Es significativo que el Concilio nos recuerde también la llamada universal a la santidad en la Iglesia. Esta vocación universal, se refiere a todo bautizado, a todo cristiano. Y es siempre muy personal, está unida al trabajo, a la profesión. Es un rendir cuentas del uso de los propios talentos, de si el hombre ha hecho un buen o un mal uso de ellos. Y sabemos que las palabras del Señor Jesús, dirigidas al hombre que había enterrado el talento, son muy duras, amenazadoras (cfr. *Mateo* 25,25-30).

Se puede decir, que aun en la reciente tradición catequética y kerygmática de la Iglesia, dominaba una *escatología*, que podríamos calificar de *individual*, conforme a una dimensión, aunque profundamente enraizada en la divina Revelación. La perspectiva que el Concilio desea proponer es la de una *escatología de la Iglesia y del mundo*.

El título del capítulo VII de la *Lumen gentium*, que le proponía que leyera, ofrece esta propuesta: «Índole escatológica de la Iglesia peregrinante.» Éste es el comienzo: «La Iglesia, a la que todos estamos llamados en Cristo Jesús, y en la cual por medio de la gracia de Dios conseguimos la santidad, no tendrá su cumplimiento sino en la gloria del Cielo, cuando llegue el tiempo de la restauración de todas las cosas (*Hechos de los Apóstoles* 3,21), y con el género humano también la creación entera –que está íntimamente unida con el hombre y por medio de él alcanza su fin– será perfectamente renovada en Cristo. [...] Porque Cristo, cuando fue levantado sobre la tierra, atrajo hacia sí a todos (cfr. *Juan* 12,32); resucitando de entre los muertos (cfr. *Romanos* 6,9) infundió en los Apóstoles Su Espíritu vivificador, y por medio de Él constituyó Su Cuerpo, que es la Iglesia, como universal sacramento de salvación; estando sentado a la derecha de Dios Padre, obra continuamente en el mundo para llevar a los hombres a la Iglesia y por medio de ella unirlos más estrechamente a sí mismo y, con el alimento del propio Cuerpo y de la propia Sangre, hacerlos partícipes de su vida gloriosa. Así que la restauración prometida que esperamos está ya comenzada en Cristo, y es impulsada por medio de la misión del Espíritu Santo y por Él continúa en la Iglesia, en la cual somos también instruidos por la fe sobre el sentido de nuestra vida temporal, mientras llevamos a término, con la esperanza de los bienes futuros, la obra que nos encomendó en el mundo el Padre, y damos cumplimiento a nuestra salvación (cfr. *Filipenses* 2,12). Ya ha llegado, pues, a nosotros la última fase de los tiempos (cfr. 1 *Corintios* 10,11) y la renovación del mundo está irrevocablemente fijada y en un cierto modo, real, es anticipada en este mundo: la Iglesia, ya sobre la tierra, está adornada de verdadera santidad, aunque imperfecta. Pero hasta que no lleguen los nuevos cielos y la tierra nueva, en los que la justicia tiene su morada (cfr. 2 *Pedro* 3,13), la Iglesia peregrinante, en sus Sacramentos y en sus instituciones, que pertenecen a la edad presente, lleva la imagen fugaz de este mundo, y vive entre las criaturas, que gimen y están con dolores de parto hasta ahora, suspirando por la manifestación de los hijos de Dios (cfr. *Romanos* 8, 19-22).» (n. 48).

Hay que admitir que *esta visión de la escatología estaba sólo muy débilmente presente en las predicaciones tradicionales.* Y se trata de una visión originaria, bíblica. Todo el pasaje conciliar, antes citado, está realmente compuesto de textos sacados del Evangelio, de las Cartas apostólicas y de los *Hechos de los Apóstoles.* La escatología tradicional, que giraba en torno a los llamados *Novísimos*, está inscrita por el Concilio en esta esencial visión bíblica. La escatología, como ya he mostrado, es *profundamente antropológica*, pero a la luz del Nuevo Testamento está sobre todo centrada en Cristo y en el Espíritu Santo, y es también, en un cierto sentido, cósmica.

Nos podemos preguntar si el hombre con su vida individual, con su responsabilidad, su destino, con su personal futuro escatológico, su paraíso o su infierno o purgatorio, no acabará por perderse en esa dimensión cósmica. Reconociendo las buenas razones de su pregunta, hay que responder honestamente que sí: *el hombre en una cierta medida está perdido*, se han perdido también los predicadores, los catequistas, los educadores, porque han perdido el coraje de «amenazar con el infierno». Y quizá hasta quien les escucha haya dejado de tenerle miedo.

De hecho, *el hombre de la civilización actual se ha hecho poco sensible a las «cosas últimas»*. Por un lado, a favor de tal insensibilidad actúan la *secularización* y el *secularismo*, con la consiguiente actitud consumista, orientada hacia el disfrute de los bienes terrenos. Por el otro lado, han contribuido a ella en cierta medida los *infiernos temporales*, ocasionados por este siglo que está acabando. Después de las experiencias de los campos de concentración, los gulag, los bombardeos, sin hablar de las catástrofes naturales, ¿puede el hombre esperar algo peor que el mundo, un cúmulo aun mayor de humillaciones y de desprecios? ¿En una palabra, puede esperar un infierno?

Así pues, *la escatología se ha convertido, en cierto modo, en algo extraño al hombre contemporáneo*, especialmente en nuestra civilización. Esto, sin embargo, no significa que se haya convertido en completamente extraña *la fe en Dios como Suprema Justicia*; la espera en Alguien que, al fin, diga la verdad sobre el bien y sobre el mal de los actos humanos, y premie el bien y castigue el mal. Ningún otro, solamente Él, podrá hacerlo. Los hombres siguen teniendo esta convicción. Los horrores de nuestro siglo no han podido eliminarla: «Al hombre le es dado morir una sola vez, y luego el juicio» (cfr. *Hebreos* 9,27).

Esta convicción constituye además, en cierto sentido, un denominador común de todas las religiones monoteístas, junto a otras. Si el Concilio habla de la índole escatológica de la Iglesia peregrinante, se basa también en este conocimiento. *Dios, que es justo Juez,* el Juez que premia el bien y castiga el mal, es realmente el Dios de Abraham, de Isaac, de Moisés, y también de Cristo, que es Su Hijo. Este Dios es *en primer lugar Amor.* No solamente Misericordia, sino Amor. No solamente el padre del hijo pródigo; es también el Padre que «da a Su Hijo para que el hombre no muera sino que tenga la vida eterna» (cfr. *Juan* 3,16).

Esta verdad evangélica de Dios determina un cierto *cambio en la perspectiva escatológica.* En primer lugar, la escatología no es lo que todavía debe venir, lo que vendrá sólo después de la vida eterna. *La escatología está ya iniciada con la venida de Cristo.* Evento escatológico fue, en primer lugar, Su Muerte redentora y Su Resurrección. Éste es el principio «de un nuevo cielo y de una nueva tierra» (cfr. *Apocalipsis* 21,1). El futuro de más allá de la muerte de cada uno y de todos se une con esta afirmación: «Creo en la Resurrección de la carne»; y también: «Creo en la remisión de los pecados y en la vida eterna.» Ésta es la *escatología cristocéntrica.*

En Cristo, Dios ha revelado al mundo que quiere que «todos los hombres se salven y lleguen al conocimiento de la verdad» (1 *Timoteo* 2,4). Esta frase de la *Primera Carta* a Timoteo tiene una importancia fundamental para la visión y para el anuncio de las cosas últimas. Si Dios desea esto, si Dios por esta causa entrega a Su Hijo, el cual a su vez obra en la Iglesia mediante el Espíritu Santo, *¿puede el hombre ser condenado,* puede ser rechazado por Dios?

Desde siempre el problema del infierno ha turbado a los grandes pensadores de la Iglesia, desde los comienzos, desde Orígenes, hasta nuestros días, hasta Michail Bulgakov y Hans Urs von Balthasar. En verdad que los antiguos concilios rechazaron la teoría de la llamada *apocatástasis final,* según la cual el mundo sería regenerado después de la destrucción, y toda criatura se salvaría; una teoría que indirectamente abolía el infierno. Pero el problema permanece. ¿Puede Dios, que ha amado tanto al hombre, permitir que éste Lo rechace hasta el punto de querer ser condenado a perennes tormentos? Y, sin embargo, las palabras de Cristo son unívocas. En Mateo habla claramente de los que irán al suplicio eterno (cfr. 25,46). ¿Quiénes serán éstos? La Iglesia nunca se ha pronunciado al respecto. Es un misterio verdaderamente inescrutable entre la santidad de Dios y la conciencia del hombre. El silencio de la Iglesia es, pues, la única posición oportuna del cristiano. También cuando Jesús dice de Judas, el traidor, que «sería mejor para ese hombre no haber nacido» (*Mateo* 26,24), la afirmación no puede ser entendida con seguridad en el sentido de una eterna condenación.

Al mismo tiempo, sin embargo, hay algo en la misma conciencia moral del hombre que reacciona ante la pérdida de una tal perspectiva: ¿El Dios que es Amor no es también Justicia definitiva? ¿Puede Él admitir estos terribles crímenes, pueden quedar impunes? ¿La pena definitiva no es en cierto modo necesaria para obtener el equilibrio moral en la tan intrincada historia de la humanidad? ¿Un infierno no es en cierto sentido «la última tabla de salvación» para la conciencia moral del hombre?

La Sagrada Escritura conoce también el concepto de *fuego purificador*. La Iglesia oriental lo asume como bíblico, y en cambio no acoge la doctrina católica sobre el purgatorio.

Un argumento muy convincente acerca del purgatorio se me ha ofrecido –aparte de la bula de Benedicto XII en el siglo xiv–, sacado de las *Obras místicas de san Juan de la Cruz*. La «llama de amor viva», de la que él habla, es en primer lugar una llama purificadora. Las noches místicas, descritas por este gran doctor de la Iglesia por propia experiencia, son en un cierto sentido eso a lo que corresponde el purgatorio. Dios hace pasar al hombre a través de un tal purgatorio interior toda su naturaleza sensual y espiritual, para llevarlo a la unión con Él. No nos encontramos aquí frente a un simple tribunal. Nos presentamos ante el poder del mismo Amor.

Es sobre todo el Amor el que juzga. Dios, que es Amor, juzga mediante el amor. Es el Amor quien exige la purificación, antes de que el hombre madure por esa unión con Dios que es su definitiva vocación y su destino.

Quizá esto baste. Muchos teólogos, en Oriente y en Occidente, también teólogos contemporáneos, han dedicado sus estudios a la escatología, a los *Novísimos*. La Iglesia no ha cesado de mantener su conciencia escatológica. No ha cesado de llevar a los hombres a la vida eterna. Si cesara de ser escatológica, dejaría de ser fiel a la propia vocación, a la Nueva Alianza, sellada con ella por Dios en Jesucristo.

29

PERO ¿PARA QUÉ SIRVE CREER?

PREGUNTA

Muchos hoy –formados, o deformados, por una especie de pragmatismo, de utilitarismo–, ante la evangelización cristiana parecen estar dispuestos a reconocer su atractivo, pero luego acaban por preguntar: «Pero, en definitiva, *¿para qué sirve* creer? ¿Acaso no es posible vivir una vida honesta, recta, sin tener que molestarse en tomar el Evangelio en serio?»

RESPUESTA

A una pregunta semejante se podría responder muy brevemente: *la utilidad de la fe no es comparable con bien alguno, ni siquiera con los bienes de naturaleza moral.* La Iglesia no ha negado nunca que también un hombre no creyente pueda realizar acciones honestas y nobles. Cada uno, por otra parte, se convence fácilmente de eso. El valor de la fe no se puede explicar solamente con su utilidad para la moral humana, aunque la misma fe suponga la más profunda motivación de la moral. Por esta razón, muy a menudo hacemos referencia a la fe como tema. También yo he hecho eso en la *Veritatis splendor*, subrayando la importancia moral de la respuesta de Cristo –«Cumple los mandamientos» (*Mateo* 19,17)– a la pregunta del joven sobre el correcto uso del don de la libertad. A pesar de eso, se puede decir que *la fundamental utilidad de la fe está en el hecho mismo de haber creído y de haber confiado.* María es, en el momento de la Anunciación, inimitable ejemplo y maravilloso modelo de una tal actitud; esto está extraordinariamente expresado en la obra poética de Rainer Maria Rilke, «*Verkündigung*» (Anunciación). Creyendo y confiando, damos una respuesta a la palabra de Dios: esa palabra no cae en el vacío, vuelve con su fruto a Aquel que la había pronunciado, como está dicho de modo tan eficaz en el libro del profeta Isaías (cfr. 55,11). Sin embargo Dios no quiere obligarnos en absoluto a una tal respuesta.

Bajo ese aspecto, el magisterio del último Concilio y, en su ámbito, especialmente la Declaración sobre la libertad religiosa, *Dignitatis humanae*, tienen una particular importancia. Valdría la pena traer aquí la Declaración entera y analizarla; pero quizá baste con citar algunas frases: «Y todos los seres humanos –leemos– están obligados a buscar la verdad, especialmente en orden a Dios y a su Iglesia, y están obligados a adherirse a la verdad a medida que la van conociendo y a rendirle homenaje» (n. 1).

Lo que el Concilio subraya aquí es, en primer lugar, la *dignidad del hombre*. El texto continúa: «Por razón de su dignidad todos los seres humanos, en cuanto que son personas, es decir, dotados de razón y de voluntad libre y, por eso, investidos de personal responsabilidad, están por su misma naturaleza y por deber moral obligados a buscar la verdad, en primer lugar la concerniente a la religión. Están obligados también a adherirse a la verdad conocida y a ordenar toda su vida según sus exigencias» (n. 2). «Ahora bien, la verdad debe buscarse de modo apropiado a la dignidad de la persona humana y a su naturaleza social, es decir, con una búsqueda que sea libre, con la ayuda de la enseñanza o de la educación, por medio de la comunicación y del diálogo» (n. 3).

Como se ve, *el Concilio trata la libertad humana con toda seriedad* y se refiere al imperativo interior de la conciencia para demostrar que la respuesta dada por el hombre a Dios y a Su palabra mediante la fe está estrechamente unida a su dignidad personal. *El hombre no puede ser constreñido a aceptar la verdad.* A ella es empujado solamente por su naturaleza, es decir, por su misma libertad, que lo mueve a buscarla sinceramente y, cuando la encuentra, a adherirse a ella, sea con su convicción sea con su comportamiento.

Ésta ha sido siempre la enseñanza de la Iglesia; pero, aun antes, es la enseñanza que Cristo mismo confirmó con Su obrar. Desde ese punto de vista hay que releer la segunda parte de la *Dignitatis humanae.* Ahí quizá se encuentre también la respuesta a su pregunta.

Una respuesta que, por otra parte, refleja la enseñanza de los Padres y la tradición de los teólogos, desde santo Tomás de Aquino a John H. Newman. El Concilio no hace más que insistir en lo que ha sido la constante convicción de la Iglesia. Es conocida la posición de santo Tomás: es tan coherente en esta línea de respeto a la conciencia, que considera ilícito el acto de fe en Cristo que realizara quien, por un absurdo, estuviese convencido en conciencia de estar obrando mal al hacerlo (cfr. *Summa Theologiae*, I-II, q. 19, a. 5). Si el hombre advierte en su propia conciencia una llamada, aunque esté equivocada, pero que le parece incontrovertible, debe siempre y en todo caso escucharla. Lo que no le es lícito es entrar culpablemente en el error, sin esforzarse por alcanzar la verdad.

Si Newman pone la conciencia por encima de la autoridad, no proclama nada nuevo respecto al permanente magisterio de la Iglesia. La *conciencia*, como enseña el Concilio, «es el núcleo más secreto y el sagrario del hombre, en el que éste se siente a solas con Dios, cuya voz resuena en su intimidad. [...] En la fidelidad a la conciencia los cristianos se unen con los otros hombres para buscar la verdad y para resolver según verdad los muchos problemas morales que surgen en la vida individual y en la vida social. Cuanto más prevalece la conciencia recta, tanto más las personas y los grupos sociales se alejan de la ciega arbitrariedad y se esfuerzan por conformarse a las normas objetivas de la moralidad. No rara vez, sin embargo, ocurre que la conciencia sea errónea por ignorancia invencible, sin que por esto pierda su dignidad. No puede decirse esto, en cambio, cuando el hombre se preocupa poco de buscar la verdad y el bien, y cuando la conciencia se hace casi ciega como consecuencia del hábito del pecado» (n. 16).

Es difícil no advertir la profunda coherencia interna de la Declaración conciliar sobre la libertad religiosa. A la luz de su enseñanza podemos decir que *la esencial utilidad de la fe consiste en el hecho de que, a través de ella, el hombre realiza el bien de su naturaleza racional.* Y lo realiza dando su respuesta a Dios, como es su deber. Un deber no sólo hacia Dios, sino también hacia sí mismo.

Cristo lo ha hecho todo para convencernos de la importancia de esta respuesta que el hombre está llamado a dar en condiciones de libertad interior, para que en ella refulja aquel *splendor veritatis* tan esencial a la dignidad humana. Él ha comprometido a la Iglesia para que actúe del mismo modo: por eso son tan habituales en la historia las protestas contra todos los que han intentado constreñir a la fe «convirtiendo con la espada». A este respecto es necesario recordar que la escuela católica española de Salamanca tomó una posición netamente contraria frente a las violencias cometidas contra los indígenas de América, los *indios*, con el pretexto de convertirlos al cristianismo. Y que, aun antes, con el mismo espíritu se había pronunciado la Academia de Cracovia en el Concilio de Constanza de 1414, condenando las violencias perpetradas contra los pueblos bálticos con el mismo pretexto.

Cristo ciertamente desea la fe. La desea del hombre y la desea para el hombre. A las personas que Le pedían un milagro solía responderles: «Tu fe te ha salvado» (cfr. *Marcos* 10,52). El caso de la mujer cananea es especialmente emocionante. Parece al principio que Jesús no quiera escuchar la petición de ayuda para su hija, como si quisiera provocar aquella conmovedora fe: «Pero los perrillos se alimentan de las migas que caen de la mesa de sus dueños» (*Mateo* 15,27). Él pone a prueba a aquella mujer extranjera para poder decir después: «¡Grande es tu fe! Hágase como deseas» (*Mateo* 15,28).

Jesús quiere despertar en los hombres la fe, desea que respondan a la palabra del Padre, pero lo quiere respetando siempre la dignidad del hombre, porque en la búsqueda misma de la fe está ya presente una forma de fe, una forma implícita, y por eso queda ya cumplida la condición necesaria para la salvación.

Desde esta óptica, su pregunta parece encontrar una cumplida respuesta en el enunciado de la Constitución conciliar sobre la Iglesia, que por eso merece ser releído una vez más: «Aquellos que sin culpa ignoran el Evangelio de Cristo y su Iglesia, y que sin embargo buscan sinceramente a Dios, y con la ayuda de la gracia se esfuerzan por cumplir con obras Su voluntad, conocida a través del dictamen de la conciencia, pueden conseguir la vida eterna. Tampoco la Divina Providencia niega las ayudas necesarias para la salvación a los que no han llegado todavía al claro conocimiento y reconocimiento de Dios, y se esfuerzan, no sin la gracia divina, por alcanzar una vida recta» (*LG* n. 16).

En su pregunta se habla de «una vida honesta, recta, pero sin el Evangelio». Respondería que si una vida es verdaderamente recta es porque el Evangelio, no conocido o no rechazado a nivel consciente, en realidad desarrolla ya su acción en lo profundo de la persona que busca con honesto esfuerzo la verdad y está dispuesta a aceptarla, apenas la conozca. Una tal disponibilidad es manifestación de la gracia que obra en el alma. El Espíritu sopla donde quiere y como quiere (cfr. *Juan* 3,8). *La libertad del Espíritu encuentra la libertad del hombre y la confirma hasta el fondo.*

Esta precisión era necesaria para evitar cualquier riesgo de *interpretación pelagiana.* Semejante riesgo existía ya en los tiempos de san Agustín, y parece dejarse sentir nuevamente en nuestra época. Pelagio sostenía que sin la gracia divina el hombre puede llevar una vida honesta y feliz; la gracia divina no le parecía necesaria. La verdad es, en cambio, que el hombre es realmente llamado a la salvación; que la vida honesta es la condición de tal salvación; y que la salvación no puede ser alcanzada sin el aporte de la gracia.

En definitiva, solamente Dios puede salvar al hombre, teniendo en cuenta su colaboración. El hecho de que el hombre pueda colaborar con Dios es lo que decide su auténtica grandeza. La verdad según la cual el hombre es llamado a hacer todo en función del fin último de su vida, la salvación y la divinización, tiene su expresión en la tradición oriental bajo la forma del llamado *sinergismo*. El hombre «crea» con Dios el mundo, *el hombre «crea» con Dios su personal salvación.* La divinización del hombre proviene de Dios. Pero también aquí el hombre debe colaborar con Dios.

30

UN EVANGELIO
PARA HACERSE HOMBRE

PREGUNTA

Una vez más se ha referido Usted a la dignidad del hombre. Junto a los derechos humanos, que son su consecuencia, es éste uno de los temas centrales, siempre recurrentes, de Su enseñanza. Pero ¿qué es de verdad, para el Santo Padre, la dignidad del hombre? ¿Qué son los auténticos derechos humanos? ¿Concesiones de los gobiernos, de los Estados? ¿O algo distinto, más profundo?

RESPUESTA

En cierto sentido he respondido ya a lo que constituye el problema central de su pregunta: «¿En qué consiste la dignidad del hombre? ¿Qué son los derechos del hombre?» Es evidente que estos derechos han sido inscritos por el Creador en el orden de la creación; que aquí no se puede hablar de concesiones de las instituciones humanas, de los Estados o de las organizaciones internacionales. Tales instituciones expresan sólo lo que Dios mismo ha inscrito en el orden creado por Él, lo que Él mismo ha inscrito en la conciencia moral, en el corazón del hombre, como explica san Pablo en la *Carta a los Romanos* (cfr. 2,15).

El Evangelio es la confirmación más plena de todos los derechos del hombre. Sin eso muy fácilmente nos podemos encontrar lejos de la verdad del hombre. El Evangelio confirma la regla divina que rige el orden moral del universo, la confirma de modo particular mediante la misma Encarnación. ¿Quién es el hombre, si el Hijo asume la naturaleza humana? ¿Quién debe ser este hombre, si el Hijo de Dios paga el máximo precio por su dignidad? Cada año la liturgia de la Iglesia manifiesta un profundo estupor ante esta verdad y este misterio, tanto en el período de Navidad como durante la Vigilia pascual: *«O felix culpa, quae talem ac tantum meruit habere Redemptorem!»* («¡Oh feliz culpa, que nos hizo merecer un tal y tan grande Redentor!» *Exultet*). *El Redentor confirma los derechos del hombre* sencillamente para llevarlo a la plenitud de la dignidad recibida cuando Dios lo creó a su imagen y semejanza.

Ya que usted ha tocado este problema, permítame que me sirva de su pregunta para recordar cómo fue situándose gradualmente *en el centro de mis intereses, incluso personales*. En cierto sentido fue para mí una gran sorpresa constatar que el interés por el hombre y por su dignidad se había convertido, a pesar de las previsiones en contrario, en el tema principal de la *polémica con el marxismo*, y esto porque los marxistas mismos habían puesto en el centro de esa polémica la cuestión del hombre.

Cuando, después de la guerra, tomaron el poder en Polonia y comenzaron a controlar la enseñanza universitaria, podría haberse esperado que al comienzo el programa del materialismo dialéctico se expresara, en primer lugar, a través de la *filosofía de la naturaleza*. Hay que decir que la Iglesia en Polonia estaba preparada incluso para eso. Recuerdo qué consuelo supusieron para los intelectuales católicos, en los años de posguerra, las publicaciones del reverendo Kazimierz Klósak, eximio profesor de la Facultad de Teología de Cracovia, conocido por su extraordinaria erudición. En sus doctos escritos la filosofía de la naturaleza marxista se tenía que comparar con una renovadora aproximación al tema, que permitía descubrir el Logos en el mundo, es decir, el Pensamiento creador y el orden. Así Klósak entraba en la tradición filosófica que, desde los pensadores griegos, a través de las *cinco vías* de Tomás de Aquino, ha llegado hasta los estudiosos de hoy como Alfred North Whitehead.

El mundo visible, de por sí, no puede ofrecer base científica para una interpretación atea, es más, una reflexión honesta encuentra en él elementos suficientes para llegar al conocimiento de Dios. En este sentido la interpretación atea es unilateral y tendenciosa.

Aún recuerdo aquellas discusiones. Participé también en numerosos encuentros con científicos, en particular con físicos, que, después de Einstein, se han abierto notablemente a una interpretación teísta del mundo. Pero, curiosamente, este tipo de controversias con el marxismo duraron poco. Pronto se demostró que el hombre, precisamente él, con su moral, era el *problema central de la discusión*. La filosofía de la naturaleza fue puesta, por así decirlo, aparte. En la tentativa de apología del ateísmo, se hizo dominante no tanto la interpretación cosmológica, sino la argumentación ética. Cuando escribí el ensayo *Acción y persona*, los primeros que lo advirtieron, obviamente para oponerse a él, fueron los marxistas; en su polémica con la religión y con la Iglesia constituía un elemento incómodo.

Pero, llegado a este punto, debo decir que mi atención a la persona y a la acción no nació en absoluto en el terreno de la polémica con el marxismo o, por lo menos, no nació en función de esa polémica. *El interés por el hombre como persona estaba presente en mí desde hacía mucho tiempo.* Quizá dependía también del hecho de que no había tenido nunca una especial predilección por las ciencias naturales. Siempre me ha apasionado más el hombre; mientras estudiaba en la Facultad de Letras, me interesaba por él en cuanto artífice de la lengua y en cuanto objeto de la literatura; luego, cuando descubrí la vocación sacerdotal, comencé a ocuparme de él como *tema central de la actividad pastoral*.

Estábamos ya en la posguerra, y la polémica con el marxismo estaba en su apogeo. En aquellos años, lo más importante para mí se había convertido en los jóvenes, que me planteaban no tanto cuestiones sobre la existencia de Dios, como *preguntas concretas sobre cómo vivir*, sobre el modo de afrontar y resolver los problemas del amor y del matrimonio, además de los relacionados con el mundo del trabajo. Le he contado ya cómo aquellos jóvenes del período siguiente a la ocupación alemana quedaron profundamente grabados en mi memoria; con sus dudas y sus preguntas, en cierto sentido me señalaron el camino también a mí. De nuestra relación, de la participación en los problemas de su vida nació un estudio, cuyo contenido resumí en el libro titulado *Amor y responsabilidad*.

El ensayo sobre la persona y la acción vino luego; pero también nació de la misma fuente. Era en cierto modo inevitable que llegase a ese tema, desde el momento en que había entrado en el campo de los interrogantes sobre la existencia humana; y no solamente del hombre de nuestro tiempo, sino del hombre de todo tiempo. La cuestión sobre el bien y el mal no abandona nunca al hombre, como lo testimonia el joven del Evangelio, que pregunta a Jesús: «¿Qué debo hacer para alcanzar la vida eterna?» (*Marcos* 10,17).

Por tanto, el origen de mis estudios centrados en el hombre, en la persona humana, es en primer lugar pastoral. Y es desde el ángulo de lo pastoral cómo, en *Amor y responsabilidad*, formulé el concepto de *norma personalista*. Tal norma es la tentativa de traducir el mandamiento del amor al lenguaje de la ética filosófica. *La persona es un ser para el que la única dimensión adecuada es el amor.* Somos justos en lo que afecta a una persona cuando la amamos: esto vale para Dios y vale para el hombre. El amor por una persona *excluye que se la pueda tratar como un objeto de disfrute.* Esta norma está ya presente en la ética kantiana, y constituye el contenido del llamado segundo imperativo. No obstante, este imperativo tiene un carácter negativo y no agota todo el contenido del mandamiento del amor. Si Kant subraya con tanta fuerza que la persona no puede ser tratada como objeto de goce, lo hace para oponerse al utilitarismo anglosajón y, desde ese punto de vista, puede haber alcanzado su pretensión. Sin embargo, Kant no ha interpretado de modo completo el mandamiento del amor, que no se limita a excluir cualquier comportamiento que reduzca la persona a mero objeto de placer, sino que exige más: exige la *afirmación de la persona en sí misma.*

La verdadera interpretación personalista del mandamiento del amor se encuentra en las palabras del Concilio: «El Señor Jesús, cuando reza al Padre para que "todos sean una sola cosa" (*Juan* 17,21-22), poniéndonos ante horizontes inaccesibles a la razón humana, ha insinuado que hay una cierta semejanza entre la unión de las personas divinas y la unión de los hijos de Dios en la verdad y en la caridad. Esta semejanza manifiesta cómo el hombre –que en la tierra es la única criatura que Dios ha querido por sí misma– no puede encontrarse plenamente a sí misma si no es a través de un sincero don de sí» (*GS* n. 24). Ésta puede decirse que es verdaderamente una interpretación adecuada del mandamiento del amor. Sobre todo, queda formulado con claridad *el principio de afirmación de la persona por el simple hecho de ser persona*; ella, se dice, «es la única criatura en la tierra que Dios ha querido por sí misma». Al mismo tiempo el texto conciliar subraya que lo más esencial del amor es el «sincero don de sí mismo». En este sentido *la persona se realiza mediante el amor.*

Así pues, estos *dos aspectos* –la afirmación de la persona por sí misma y el don sincero de sí mismo– no sólo no se excluyen mutuamente, sino que se confirman y se integran de modo recíproco. *El hombre se afirma a sí mismo de manera más completa dándose.* Ésta es la plena realización del mandamiento del amor. Ésta es también la plena verdad del hombre, una verdad que Cristo nos ha enseñado con Su vida y que la tradición de la moral cristiana –no menos que la tradición de los santos y de tantos héroes del amor por el prójimo– ha recogido y testimoniado en el curso de la historia.

Si privamos a la *libertad humana* de esta perspectiva, si el hombre no se esfuerza por llegar a ser un don para los demás, entonces esta libertad puede revelarse peligrosa. Se convertirá en una libertad de hacer lo que yo considero bueno, lo que me procura un provecho o un placer, acaso un placer sublimado. *Si no se acepta la perspectiva del don de sí mismo, subsistirá siempre el peligro de una libertad egoísta.* Peligro contra el que luchó Kant; y en esta línea deben situarse también Max Scheller y todos los que, después de él, han compartido la ética de los valores. Pero una expresión completa de esto la encontramos sencillamente en el Evangelio. Por eso *en el Evangelio está también contenida una coherente declaración de todos los derechos del hombre*, incluso de aquellos que por diversos motivos pueden ser incómodos.

31

DEFENSA DE CUALQUIER VIDA

PREGUNTA

Entre los derechos «incómodos» a los que se refiere, está, en primerísimo plano, el derecho a la vida; está el deber de su defensa desde la concepción. También éste es un tema siempre recurrente –y de tonos dramáticos– en Su magisterio. Esta continua denuncia de cualquier legalización del aborto ha sido definida incluso como «obsesiva» por ciertos sectores político-culturales. Son los mismos que sostienen que las «razones humanitarias» están de su parte; de la parte que ha llevado a los Parlamentos a dictar medidas permisivas sobre la interrupción del embarazo.

RESPUESTA

El derecho a la vida es, para el hombre, el *derecho fundamental*. Y sin embargo, cierta cultura contemporánea ha querido negarlo, transformándolo en un derecho «incómodo» de defender. ¡No hay ningún otro derecho que afecte más de cerca a la existencia misma de la persona! Derecho a la vida significa derecho a venir a la luz y, luego, a perseverar en la existencia hasta su natural extinción: «Mientras vivo tengo derecho a vivir.»

La cuestión del niño concebido y no nacido es un problema especialmente delicado, y sin embargo claro. La *legalización de la interrupción del embarazo* no es otra cosa que la autorización dada al hombre adulto –con el aval de una ley instituida– para privar de la vida al hombre no nacido y, por eso, incapaz de defenderse. Es difícil pensar en una situación más injusta, y *es de verdad difícil poder hablar aquí de obsesión*, desde el momento en que entra en juego un fundamental imperativo de toda conciencia recta: la defensa del derecho a la vida de un ser humano inocente e inerme.

Con frecuencia la cuestión se presenta como derecho de la mujer a una *libre elección* frente a la vida que ya existe en ella, que ella ya lleva en su seno: la mujer tendría que tener el derecho de elegir entre dar la vida y quitar la vida al niño concebido. Cualquiera puede ver que ésta es una *alternativa sólo aparente. ¡No se puede hablar de derecho a elegir cuando lo que está en cuestión es un evidente mal moral*, cuando se trata simplemente del mandamiento de *No matar!*

¿Este mandamiento prevé acaso alguna *excepción*? La respuesta de suyo es «no»; ya que hasta la hipótesis de la *legítima defensa*, que no se refiere nunca a un inocente sino siempre y solamente a un agresor injusto, debe respetar el principio que los moralistas llaman *principium inculpatae tutelae* (principio de defensa irreprensible): para ser legítima esa «defensa» debe llevarse a cabo de modo que inflinja el menor daño y, si es posible, que deje a salvo la vida del agresor.

El caso de un niño no nacido no entra en semejante situación. *Un niño concebido en el seno de la madre no es nunca un agresor injusto*, es un ser indefenso que espera ser acogido y ayudado.

Es obligado reconocer que, en este campo, somos testigos de verdaderas tragedias humanas. Muchas veces *la mujer es víctima del egoísmo masculino*, en el sentido de que el hombre, que ha contribuido a la concepción de la nueva vida, no quiere luego hacerse cargo de ella y echa la responsabilidad sobre la mujer, como si ella fuese la única «culpable». Precisamente cuando la mujer tiene mayor necesidad de la ayuda del hombre, éste se comporta como un cínico egoísta, capaz de aprovecharse del afecto y de la debilidad, pero refractario a todo sentido de responsabilidad por el propio acto. Son problemas que conocen bien no sólo los confesonarios, sino además los tribunales de todo el mundo y, cada vez más, también los tribunales de menores.

Por tanto, *rechazo firmemente la fórmula* pro choice *(«por la elección»); es necesario decidirse con valentía por la fórmula* pro woman *(«por la mujer»), es decir, por una elección que está verdaderamente a favor de la mujer.* Es ella quien paga el más alto precio no solamente por su maternidad, sino aún más por destruirla, por la supresión de la vida del niño concebido. La única actitud honesta en este caso *es la de la radical solidaridad con la mujer.* No es lícito dejarla sola. Las experiencias de diversos centros asesores demuestran que la mujer no quiere suprimir la vida del niño que lleva en su seno. Si es ayudada en esta situación, y si al mismo tiempo es liberada de la intimidación del ambiente circundante, entonces es incluso capaz de heroísmo. Lo atestiguan, decía, numerosos centros asesores y, sobre todo, las casas para madres adolescentes. Parece, pues, que la mentalidad de la sociedad esté comenzando a madurar en su justa dirección, aunque todavía sean muchos esos sedicentes «benefactores» que pretenden ayudar a la mujer liberándola de la perspectiva de la maternidad.

Nos encontramos aquí en un punto, por así decir, *neurálgico*, sea visto tanto desde los derechos del hombre, como desde el derecho de la moral y de la pastoral. Todos estos aspectos están estrechamente unidos entre sí. *Los he encontrado siempre juntos también en mi vida y en mi ministerio* de sacerdote, de obispo diocesano, y luego como sucesor de Pedro, con el ámbito de responsabilidad consiguiente.

Por eso, debo repetir que *rechazo categóricamente toda acusación o sospecha de una presunta «obsesión» del Papa en este campo.* Se trata de un problema de gran envergadura, en el que todos debemos demostrar la máxima responsabilidad y vigilancia. *No podemos permitirnos formas de permisivismo*, que llevarían directamente al conculcamiento de los derechos del hombre, y también a la aniquilación de los valores fundamentales, no solamente de la vida de las personas singulares y de la familias, sino de la misma sociedad. ¿No es acaso una triste verdad eso a lo que se alude con la fuerte expresión de *civilización de la muerte?*

Obviamente, lo contrario de la civilización de la muerte no es y no puede ser el programa de la multiplicación irresponsable de la población sobre el globo terrestre. *Hay que tomar en consideración el índice demográfico. Y la vía justa es lo que la Iglesia llama paternidad y maternidad responsables.* Los centros asesores familiares de la Iglesia así lo enseñan. *La paternidad y la maternidad responsables son el postulado del amor por el hombre, y son también el postulado de un auténtico amor conyugal,* porque el amor no puede ser irresponsable. Su belleza está contenida en su responsabilidad. Cuando el amor es verdaderamente responsable es también verdaderamente libre.

Ésta es la enseñanza que aprendí de la encíclica *Humanae vitae* de mi venerado predecesor Pablo VI, y que, aun antes, había aprendido *de mis jóvenes interlocutores, cónyuges y futuros cónyuges* mientras escribía *Amor y responsabilidad.* Como he dicho, ellos mismos fueron mis educadores en ese campo. Ellos, hombres y mujeres, contribuían creativamente a la pastoral de las familias, a la pastoral de la paternidad y de la maternidad responsables, a la formación de centros asesores que tuvieron luego un óptimo desarrollo. La principal actividad de estos centros, su primera tarea, estaba y está dirigida al amor humano; en ellos se vivía y se vive *la responsabilidad para el amor humano*.

El deseo es que *tal responsabilidad no falte nunca en ningún sitio y en ninguna persona*; que la responsabilidad no falte ni en los legisladores ni en los educadores ni en los pastores. ¡A cuántas personas menos conocidas desearía rendir aquí homenaje y expresarles la más profunda gratitud por su generoso esfuerzo y su dedicación sin tasa! En su comportamiento queda confirmada la cristiana y personalista verdad del hombre, que se realiza en la medida en que sabe hacerse don gratuito para los demás.

De los centros de asesoramiento debo referirme a los *ateneos*. Tengo en mente las escuelas que conozco y aquellas a cuya institución he contribuido. Tengo en mente de modo particular la cátedra de Ética de la *Universidad Católica de Lublin*, como también el instituto que allí surgió, después de mi marcha, bajo la dirección de mis más estrechos colaboradores y discípulos. Tengo en mente al reverendo profesor Tadeusz Styczen y al reverendo profesor Andrzej Szostek. La persona no es solamente una maravillosa teoría; se encuentra al mismo tiempo en el centro del *ethos* humano.

Aquí en Roma, además, no puedo por menos de recordar el instituto, análogo, creado por la *Universidad Lateranense*. Ya ha llevado adelante iniciativas semejantes a los Estados Unidos, a México, Chile y a otros países. El modo más eficaz de servir a la verdad de la paternidad y de la maternidad responsables está en mostrar sus bases éticas y antropológicas. En ningún otro campo como en éste es tan indispensable la colaboración entre pastores, biólogos y médicos.

No puedo detenerme aquí en *pensadores contemporáneos*, pero un nombre al menos debo citar, el de *Emmanuel Lévinas*, representante de una especial corriente de *personalismo* contemporáneo y de la *filosofía del diálogo*. Análogamente a Martin Buber y a Franz Rosenzweig, expone la tradición personalista del Antiguo Testamento, donde tan fuertemente se acentúa la relación entre el «yo» humano y el divino, el absolutamente soberano «TÚ».

Dios, que es el supremo legislador, promulgó con gran fuerza sobre el Sinaí el mandamiento de «No matar», como un imperativo moral de carácter absoluto. Lévinas, que como sus correligionarios vivió profundamente el drama del holocausto, ofrece de este fundamental mandamiento del decálogo una singular formulación: para él, la persona se manifiesta a través del rostro. La *filosofía del rostro* es también uno de los temas del Antiguo Testamento, de los Salmos y de los escritos de los profetas, en los que con frecuencia se habla de la «búsqueda del rostro de Dios» (cfr. por ej. el *Salmo* 27(26),8). A través del rostro habla el hombre, habla en particular todo hombre que ha sufrido una injusticia, habla y pronuncia estas palabras: «¡No me mates!» *El rostro humano y el mandamiento de «No matar» se unen en Lévinas de modo genial, convirtiéndose al mismo tiempo en un testimonio de nuestra época*, en la que incluso Parlamentos, Parlamentos democráticamente elegidos, decretan asesinatos con tanta facilidad.

Sobre un tema tan doloroso quizá es mejor no decir más.

32

TOTUS TUUS

Desde una perspectiva cristiana, hablar de maternidad lleva espontáneamente a hablar de la Madre por excelencia, la de Jesús. *Totus Tuus*, Todo de María, es el lema elegido para Su pontificado. La reactualización de la teología y de la devoción mariana –en fiel continuidad, por otra parte, con la ininterrumpida tradición católica– es otro de los caracteres distintivos de la enseñanza y de la acción de Juan Pablo II.

Entre otras cosas, hoy se multiplican las voces y las noticias que hablan de misteriosas apariciones y mensajes de la Virgen; masas de peregrinos se ponen en camino como en otros siglos. ¿Qué puede decirnos, Santidad, de todo esto?

Respuesta

Totus Tuus. Esta fórmula no tiene solamente un carácter piadoso, no es una simple expresión de devoción: es algo más. La orientación hacia una devoción tal se afirmó en mí en el período en que, durante la Segunda Guerra Mundial, trabajaba de obrero en una fábrica. En un primer momento me había parecido que debía alejarme un poco de la devoción mariana de la infancia, en beneficio de un cristianismo cristocéntrico. Gracias a san Luis Grignon de Montfort comprendí que la verdadera *devoción a la Madre de Dios es, sin embargo, cristocéntrica, más aún, que está profundamente radicada en el Misterio trinitario*

207

de Dios, y en los misterios de la Encarnación y la Redención.

Así pues, redescubrí con conocimiento de causa la nueva piedad mariana, y esta forma madura de devoción a la Madre de Dios me ha seguido a través de los años: sus frutos son la *Redemptoris Mater* y la *Mulieris dignitatem*.

Respecto a la devoción mariana, cada uno de nosotros debe tener claro que no se trata sólo de una necesidad del corazón, de una inclinación sentimental, sino que corresponde también a la verdad objetiva sobre la Madre de Dios. María es la nueva Eva, que Dios pone ante el nuevo Adán-Cristo, comenzando por la Anunciación, a través de la noche del Nacimiento en Belén, el banquete de bodas en Caná de Galilea, la Cruz sobre el Gólgota, hasta el cenáculo del Pentecostés: la Madre de Cristo Redentor es Madre de la Iglesia.

El Concilio Vaticano II da un paso de gigante tanto en la doctrina como en la devoción mariana. No es posible traer aquí ahora todo el maravilloso capítulo VIII de la *Lumen gentium*, pero habría que hacerlo. Cuando participé en el Concilio, *me reconocí a mí mismo plenamente en este capítulo*, en el que reencontré todas mis pasadas experiencias desde los años de la adolescencia, y también aquel especial ligamen que me une a la Madre de Dios de forma siempre nueva.

La *primera forma*, la más antigua, está ligada a las visitas durante la infancia a la imagen de Nuestra Señora del Perpetuo Socorro en la iglesia parroquial de Wadowice, está ligada a la tradición del escapulario del Carmen, particularmente elocuente y rica en simbolismo, que conocí desde la juventud por medio del convento de carmelitas que se halla «sobre la colina» de mi ciudad natal. Está ligada, además, a la *tradición de las peregrinaciones al santuario de Kalwaria Zebrzydowska*, uno de esos lugares que atraen a multitudes de peregrinos, especialmente del sur de Polonia y de más allá de los Cárpatos. Este santuario regional tiene una particularidad, la de ser no solamente mariano, sino también profundamente cristocéntrico. Y los peregrinos que llegan allí, durante su primera jornada junto al santuario de Kalwaria practican antes que nada los «senderos», que son un Viacrucis en el que el hombre encuentra su sitio junto a Cristo por medio de María. La Crucifixión, que es también el punto topográficamente más alto, domina los alrededores del santuario. La solemne procesión mariana, que tiene lugar antes de la fiesta de la Asunción, no es sino la expresión de la fe del pueblo cristiano en la especial participación de la Madre de Dios en la Resurrección y en la Gloria de su propio Hijo.

Desde los primerísimos años, mi devoción mariana estuvo relacionada estrechamente con la dimensión cristológica. En esta dirección me iba educando el santuario de Kalwaria.

Un capítulo aparte es *Jasna Góra*, con su icono de la Señora Negra. La Virgen de Jasna Góra es desde hace siglos venerada como Reina de Polonia. Éste es el santuario de toda la nación. De su Señora y Reina la nación polaca ha buscado durante siglos, y continúa buscando, el apoyo y la fuerza para el renacimiento espiritual. Jasna Góra es lugar de especial evangelización. Los grandes acontecimientos de la vida de Polonia están siempre de alguna manera ligados a este sitio; sea la historia antigua de mi nación, sea la contemporánea, tienen precisamente allí su punto de más intensa concentración, sobre la colina de Jasna Góra.

Cuanto he dicho pienso que explica suficientemente la devoción mariana del actual Papa y, sobre todo, Su actitud de total *abandono en María*, ese *Totus Tuus*.

Respecto a esas «apariciones», a esos «mensajes» a que se refería, me propongo decir algo más adelante en nuestra conversación.

33

MUJERES

PREGUNTA

En la Carta apostólica con el significativo título de *Mulieris dignitatem* («La dignidad de la mujer»), Usted ha mostrado entre otras cosas cómo el culto católico por una Mujer, María, no es en absoluto irrelevante en lo que se refiere a la actual cuestión femenina.

RESPUESTA

Sobre la estela dejada por las observaciones precedentes, quisiera llamar aún la atención sobre un aspecto del culto mariano. Este culto no es sólo una forma de devoción o piedad, sino también una *actitud. Una actitud respecto a la mujer como tal.*

Si nuestro siglo, en las sociedades liberales, está caracterizado por un creciente *feminismo*, se puede suponer que esta orientación sea *una reacción a la falta de respeto debido a toda mujer.* Todo lo que escribí sobre el tema en la *Mulieris dignitatem* lo llevaba en mí desde muy joven, en cierto sentido desde la infancia. Quizá influyó en mí también el ambiente de la época en que fui educado, que estaba caracterizado por un gran respeto y consideración por la mujer, especialmente por la mujer-madre.

Pienso que quizá un cierto *feminismo contemporáneo* tenga sus raíces precisamente ahí, en la ausencia de un verdadero respeto por la mujer. La verdad revelada sobre la mujer es otra. El respeto por la mujer, el asombro por el misterio de la feminidad, y en fin el amor esponsal de Dios mismo y de Cristo como se manifiesta en la Redención, son todos elementos de la fe y de la vida de la Iglesia que no han estado nunca completamente ausentes de Ella. Lo testimonia una rica tradición de usos y costumbres que hoy está más bien sometida a una preocupante degradación. En nuestra civilización la mujer se ha convertido en primer lugar en un objeto de placer.

Muy significativo es, en cambio, que en el interior de esta realidad esté renaciendo la auténtica *teología de la mujer*. Es descubierta su belleza espiritual, su especial talento; están redefiniéndose las bases para la consolidación de su situación en la vida, no solamente familiar, sino también social y cultural.

Y, a este propósito, debemos volver a la figura de María. La figura de María y la devoción hacia Ella, vividas en toda su plenitud, se convierten así en una creativa y gran inspiración para esta vía.

34

PARA NO TENER MIEDO

Como ha recordado durante nuestra conversación, no fue casual que Su pontificado se iniciara con un grito que tuvo y que todavía tiene en el mundo profundos ecos: «¡No tengáis miedo!»

Entre las posibles lecturas de esta exhortación, ¿no cree Su Santidad que una podría ser ésta: muchos tienen necesidad de ser asegurados, de ser exhortados a «no tener miedo» de Cristo y de Su Evangelio, porque temen que, si se acercaran a ellos, su vida se agravaría con exigencias que se ven no como una liberación sino como un peso?

Cuando el 22 de octubre de 1978 pronuncié en la plaza de San Pedro las palabras «¡No tengáis miedo!», no era plenamente consciente de lo lejos que me llevarían a mí y a la Iglesia entera. Su contenido provenía más del Espíritu Santo, prometido por el Señor Jesús a los apóstoles como Consolador, que del hombre que las pronunciaba. Sin embargo, con el paso de los años, las he recordado en variadas circunstancias.

La exhortación «¡No tengáis miedo!» debe ser leída en una dimensión muy amplia. En cierto sentido *era una exhortación dirigida a todos los hombres*, una exhortación a vencer el miedo a la actual situación mundial, sea en Oriente, sea en Occidente, tanto en el Norte como en el Sur.

¡No tengáis miedo de lo que vosotros mismos habéis creado, no tengáis miedo tampoco de todo lo que el hombre ha producido, y que está convirtiéndose cada día más en un peligro para él! En fin, ¡no tengáis miedo de vosotros mismos!

¿Por qué no debemos tener miedo? Porque el hombre ha sido redimido por Dios. Mientras pronunciaba esas palabras en la plaza de San Pedro, tenía ya la convicción de que la primera encíclica y todo el pontificado estarían ligados a la verdad de la Redención. En ella se encuentra la más profunda afirmación de aquel «¡No tengáis miedo!»: «¡Dios ha amado al mundo! Lo ha amado tanto que ha entregado a su Hijo unigénito!» (cfr. *Juan* 3,16). Este Hijo permanece en la historia de la humanidad como el Redentor. La Redención impregna toda la historia del hombre, también la anterior a Cristo, y prepara su futuro escatológico. Es la luz que «esplende en las tinieblas y que las tinieblas no han recibido» (cfr. *Juan* 1,5). *El poder de la Cruz de Cristo y de su Resurrección es más grande que todo el mal del que el hombre podría y debería tener miedo.*

Llegados a este punto, debo volver de nuevo al *Totus Tuus.* En su pregunta anterior usted hablaba de la Madre de Dios y de las numerosas revelaciones privadas que han tenido lugar especialmente en los últimos dos siglos. Al responder, he explicado de qué modo la devoción mariana se ha desarrollado en mi historia personal, empezando por mi ciudad natal, pasando por el santuario de Kalwaria, hasta Jasna Góra. *Jasna Góra entró en la historia de mi patria en el siglo XVII, como una especie de «¡No tengáis miedo!» pronunciado por Cristo por boca de Su Madre.* Cuando el 22 de octubre de 1978 asumí la herencia romana del

Ministerio de Pedro, sin duda llevaba profundamente impresa en la memoria, en primer lugar, esta experiencia mariana de mi tierra polaca.

«¡No tengáis miedo!», decía Cristo a los apóstoles (*Lucas* 24,36) y a las mujeres (*Mateo* 28,10) después de la Resurrección. En los textos evangélicos no consta que la Señora haya sido destinataria de esta recomendación; fuerte en Su fe, Ella «no tuvo miedo». *El modo en que María participa en la victoria de Cristo yo lo he conocido sobre todo por la experiencia de mi nación.* De boca del cardenal Stefan Wyszyn'ski sabía también que su predecesor, el cardenal August Hlond, al morir, pronunció estas significativas palabras: «La victoria, si llega, llegará por medio de María.» Durante mi ministerio pastoral en Polonia, fui testigo del modo en que aquellas palabras se iban realizando.

Mientras entraba en los problemas de la Iglesia universal, al ser elegido Papa, llevaba en mí una convicción semejante: que también en esta dimensión universal, la victoria, si llega, será alcanzada por María. *Cristo vencerá por medio de Ella, porque Él quiere que las victorias de la Iglesia en el mundo contemporáneo y en el mundo del futuro estén unidas a Ella.*

Tenía, pues, esa convicción, aunque entonces sabía aún poco de *Fátima*. Presentía, sin embargo, que había una cierta continuidad desde La Salette, a través de Lourdes, hasta Fátima. Y en el lejano pasado, nuestra polaca Jasna Góra.

Y he aquí que llegó el *13 de mayo* de 1981. Cuando fui alcanzado por el proyectil en el atentado en la plaza de San Pedro, no reparé al principio en el hecho de que aquél era precisamente el aniversario del día en que María se había aparecido a los tres niños de Fátima, en Portugal, dirigiéndoles aquellas palabras que, con el fin del siglo, parecen acercarse a su cumplimiento.

¿Con este suceso acaso no ha dicho Cristo, una vez más, Su «¡No tengáis miedo!»? ¿No ha repetido al Papa, a la Iglesia e, indirectamente, a toda la familia humana estas palabras pascuales?

Al finalizar este segundo milenio tenemos quizá más que nunca necesidad de estas palabras de Cristo resucitado: «¡No tengáis miedo!» Tiene necesidad de ellas el hombre que, después de la caída del comunismo, no ha dejado de tener miedo y que, en verdad, tiene muchas razones para experimentar dentro de sí mismo semejante sentimiento. Tienen necesidad las naciones, las que han renacido después de la caída del imperio comunista, pero también las que han asistido a esa experiencia desde fuera. Tienen necesidad de esas palabras los pueblos y las naciones del mundo entero. *Es necesario que en su conciencia resurja con fuerza la certeza de que existe Alguien que tiene en sus manos el destino de este mundo que pasa; Alguien que tiene las llaves de la muerte y de los infiernos* (cfr. *Apocalipsis* 1,18); *Alguien que es el Alfa y el Omega de la historia del hombre* (cfr. *Apocalipsis* 22,13), sea la individual como la colectiva. Y este Alguien es Amor (cfr. 1 *Juan* 4,8-16): Amor hecho hombre, Amor crucificado y resucitado, Amor continuamente presente entre los hombres. Es Amor eucarístico. Es fuente incesante de comunión. Él es el único que puede dar plena garantía de las palabras «¡No tengáis miedo!».

Usted ha observado que al hombre contemporáneo le es difícil volver a la fe, porque le asustan las exigencias morales que la fe le presenta. Y esto, en cierto modo, es verdad. *El Evangelio es ciertamente exigente.* Es sabido que Cristo, a este respecto, no engañaba nunca a Sus discípulos ni a los que Le escuchaban. Al contrario, los preparaba con verdadera firmeza para todo género de dificultades internas y externas, advirtiéndoles siempre que ellos también podían decidir abandonarLe. Por tanto, si Él dice: «¡No tengáis miedo!», con toda seguridad no lo dice para paliar de algún modo sus exigencias. Al contrario, con estas palabras confirma toda la verdad del Evangelio y todas las exigencias en él contenidas. Al mismo tiempo, sin embargo, manifiesta que *lo que Él exige no supera las posibilidades del hombre.* Si el hombre lo acepta con disposición de fe, también encuentra en la gracia, que Dios no permite que le falte, la fuerza necesaria para llevar adelante esas exigencias. El mundo está lleno de pruebas de la fuerza salvífica y redentora, que los Evangelios anuncian con mayor énfasis que aquel con que recuerdan las obligaciones morales. ¡Cuántas son en el mundo las personas que atestiguan con su vida cotidiana que la moral evangélica es hacedera! La experiencia demuestra que una vida humana lograda no puede ser sino como la de esas personas.

Aceptar lo que el Evangelio exige quiere decir afirmar la propia humanidad completa, ver en ella toda la belleza querida por Dios, reconociendo en ella, sin embargo, a la luz del poder de Dios mismo, también sus debilidades: «Lo que es imposible a los hombres es posible a Dios» (*Lucas* 18,27).

Estas dos dimensiones no pueden estar separadas entre sí: de una parte, las instancias morales, propuestas por Dios al hombre; de la otra, las exigencias del amor salvífico, es decir, el don de la gracia, al que Dios mismo en cierto sentido se ha obligado. ¿Qué otra cosa es la Redención de Cristo sino esto? *Dios quiere la salvación del hombre, quiere el cumplimiento de la humanidad según la medida por Él mismo pensada*, y Cristo tiene derecho a decir que el yugo que nos pone es dulce y que su carga, a fin de cuentas, es ligera (cfr. *Mateo* 11,30).

Es muy importante atravesar el umbral de la esperanza, no detenerse ante él sino *dejarse conducir*. Pienso que a esto se refieren las palabras del gran poeta polaco Cyprian Norwid, que definía así el principio más profundo de la existencia cristiana: «No detrás de sí mismo con la Cruz del Salvador, sino detrás del Salvador con la propia cruz.»

Se dan todas las razones para que la verdad de la Cruz sea llamada Buena Nueva.

35

ENTRAR EN LA ESPERANZA

Santo Padre, a la luz de todo lo que ha querido decirnos, por lo que le estamos agradecidos, ¿tenemos que concluir que es verdaderamente injustificado –y para el hombre de hoy aún más– «tener miedo» de Dios, de Jesucristo? ¿Debemos concluir que, al contrario, vale de verdad la pena «entrar en la Esperanza», y descubrir, o redescubrir, que tenemos un Padre y reconocer que nos ama?

El salmista dice: «El principio de la sabiduría es el temor de Dios» (cfr. *Salmo* 111(110),10). Permítame que me refiera a estas palabras bíblicas para responder a su última pregunta.

La Sagrada Escritura contiene una exhortación insistente a ejercitarse en el temor de Dios. Se trata aquí de ese temor que es *don del Espíritu Santo*. Entre los siete dones del Espíritu Santo, señalados por las palabras de Isaías (cfr. 11,12), el don del temor de Dios está en último lugar, pero eso no quiere decir que sea el menos importante, pues precisamente *el temor de Dios es principio de la sabiduría*. Y la sabiduría, entre los dones del Espíritu Santo, figura en primer lugar. Por eso, al hombre de todos los tiempos y, en particular, al hombre contemporáneo, *es necesario desearle el temor de Dios*.

Por la Sagrada Escritura sabemos también que tal temor, principio de la sabiduría, no tiene nada en común con el *miedo del esclavo*. ¡Es *temor filial*, no temor servil! El esquema hegeliano amo-esclavo es extraño al Evangelio. Es más bien el esquema propio de un mundo en el que Dios está ausente. En un mundo en que Dios está verdaderamente presente, en el mundo de la sabiduría divina, sólo puede estar presente el temor filial.

La expresión auténtica y plena de tal temor es Cristo mismo. Cristo quiere que tengamos miedo de todo lo que es ofensa a Dios. Lo quiere, porque ha venido al mundo para liberar al hombre en la libertad. El hombre es libre mediante el amor, porque el amor es fuente de predilección para todo lo que es bueno. Ese amor, según las palabras de san Juan, *expulsa todo temor* (cfr. 1 *Juan* 4,18). Todo rastro de temor servil ante el severo poder del Omnipotente y del Omnipresente desaparece y deja sitio a la solicitud filial, para que en el mundo se haga Su voluntad, es decir, el bien, que tiene en Él su principio y su definitivo cumplimiento.

Así pues, los santos de todo tiempo son también la encarnación del amor filial de Cristo, que es fuente del amor franciscano por las criaturas y también del amor por el poder salvífico de la Cruz, que restituye al mundo el equilibrio entre el bien y el mal.

¿Al hombre contemporáneo le mueve verdaderamente ese amor filial por Dios, temor que es en primer lugar amor? Se puede pensar, y pruebas no faltan, que el paradigma de Hegel del amo y el esclavo está más presente en la conciencia del hombre de hoy que la Sabiduría, cuyo principio es el temor filial de Dios. Del paradigma hegeliano nace la filosofía de la prepotencia. La única fuerza capaz de saldar eficazmente las cuentas con esa filosofía se halla en el Evangelio de Cristo, en el que la postura amo-esclavo es radicalmente transformada en la actitud *padre-hijo*.

La actitud padre-hijo es una actitud permanente. Es más antigua que la historia del hombre. Los «rayos de paternidad» contenidos en ella pertenecen al Misterio trinitario de Dios mismo, que se irradia desde Él hacia el hombre y hacia su historia.

A pesar de eso, como se sabe por la Revelación, en esta historia los «rayos de paternidad» encuentran una primera resistencia en el dato oscuro pero real del pecado original. *Ésta es verdaderamente la clave para interpretar la realidad.* El pecado original no es sólo la violación de una voluntad positiva de Dios, sino también, y sobre todo, de la *motivación que está detrás.* *La cual tiende a abolir la paternidad,* destruyendo sus rayos que penetran en el mundo creado, poniendo en duda la verdad de Dios, que es Amor, y dejando la sola conciencia de amo y de esclavo. Así, el Señor aparece como celoso de su poder sobre el mundo y sobre el hombre; en consecuencia, el hombre se siente inducido a la lucha contra Dios. Análogamente a cualquier otra época de la historia, el hombre esclavizado se ve empujado a tomar posiciones en contra del amo que lo tenía esclavizado.

Después de cuanto he dicho, podría resumir mi respuesta con la siguiente *paradoja: para liberar al hombre contemporáneo del miedo* de sí mismo, del mundo, de los otros hombres, de los poderes terrenos, de los sistemas opresivos, para liberarlo de todo síntoma de miedo servil ante esa «fuerza predominante» que el creyente llama Dios, *es necesario desearle de todo corazón que lleve y cultive en su propio corazón el verdadero temor de Dios*, que es el principio de la sabiduría.

Ese temor de Dios es la *fuerza del Evangelio.* Es temor creador, nunca destructivo. Genera hombres que se dejan guiar por la responsabilidad, por el amor responsable. Genera hombres santos, es decir, verdaderos cristianos, a quienes pertenece en definitiva el futuro del mundo. Ciertamente André Malraux tenía razón cuando decía que el siglo XXI será el siglo de la religión o no será en absoluto.

El Papa, que comenzó Su pontificado con las palabras «¡No tengáis miedo!», procura ser plenamente fiel a tal exhortación, y está siempre dispuesto a servir al hombre, a las naciones, y a la humanidad entera en el espíritu de esta verdad evangélica.

ÍNDICE